JN081602

ケースブック

大学発ベンチャー創出の エコシステム

忽那憲治 [編著] *Kutsuna Kenji*

中央経済社

まえがき

　わが国の大学における研究成果の多くは，学術的な研究レベルにとどまり，事業化による画期的なイノベーションの創出には至っていないとしばしば指摘されてきた。しかし，大学発ベンチャーは近年確実に増加してきており，日本経済新聞社の報道（日経新聞2020年5月18日）によれば，2019年度の大学別の設立企業数は，第1位の東京大学では268社になっている。以下，京都大学191社，大阪大学141社，東北大学121社，九州大学117社，筑波大学114社であり，年間の設立数が100社を超える大学が6大学となっている。上記の大学以外でも，本書で取り上げる名古屋大学94社，慶應義塾大学85社，会津大学と神戸大学35社であり，上位20大学にランクされている。

　こうした大学発ベンチャーの設立の動きを推進しようと，2014年に施行された産業競争力強化法では，国立大学によるベンチャーキャピタルへの出資を可能とした。東京大学，京都大学，大阪大学，東北大学の4大学は，国からの1000億円を超える資金をもとに，各大学が設立したベンチャーキャピタルを通じて，大学発ベンチャーへの投資を積極化させている。

　本書はケースブックとしてとりまとめるにあたり，10大学の取り組みを考察している。大学ベンチャーキャピタルを設立した上記の4大学を見ても，大学発ベンチャー創出のエコシステム構築へのアプローチはそれぞれ異なり，多様である。4大学以外で取り上げた6つの大学は，国立大学，公立大学，私立大学の中から興味深い取り組みを実施し，高い成果を上げている大学を選んで考察した。

　ケースブックというとりまとめを行ったのは，大学の歴史や保有する資産の強み，今後の目指す方向性を反映して，各大学が極めて特徴的な試みを実施しているからである。各章の最後には，考察からのインプリケーションを示す形でとりまとめを行っている。この大学のケースは自身にとって参考にすべき点があるのではないだろうかといった議論が一層進み，大学の特長を生かしたエコシステムの構築につながればと考えている。こうした問題意識のもとで，本

II

書は，イノベーション創出に寄与する大学発ベンチャーをいかに生み出すかについて，下記の3つの点に焦点を当てながらエコシステムのあり方を考察することを目的としている。

　第1に，ベンチャーキャピタルに関する世界的な学術研究の成果から見れば，公的ベンチャーキャピタルが良好な投資成果を上げている国はあまりなく，投資システムにおいてガバナンスの視点から多くの課題を抱えていることが指摘されている。こうした学術研究の成果を受けて，公的ベンチャーキャピタルの制度を廃止もしくは機能を大幅に削減してきた国も多い。わが国の4つの国立大学において導入された公的ベンチャーキャピタル（大学ベンチャーキャピタル）の制度は，システムとして有効に機能しているのかについて検証する。大学の研究成果を核とした，事業としての成果を出すまでに長期の期間を視野に入れる必要のあるイノベーションを推進するためには，ベンチャーキャピタルおよびそれらを含めたエコシステムを育成・構築することが急務である。

　第2に，日本における大学発ベンチャーの創出の仕組みを調査し，成果を上げている大学は何が成功要因として機能しているのかを明らかにし，大学の研究成果の社会実装に向けた実践的な提言をまとめることを目的としている。大学における研究成果の技術移転，シーズの事業化，そのための学生教育やファイナンスのあり方など，アントレプレナーシップ研究が対象とする多様な視点から分析を試みる。

　第3に，大学の理系研究者に焦点を当てて，研究成果の事業化に対する意識や制約となっている課題を分析する。大学発ベンチャーにおいて，イノベーションの担い手の主役となるアントレプレナーは大学の理系研究者であることが多いが，研究成果の事業化への関心などについて，その実態はほとんど知られていない。大学の理系研究者が研究成果の事業化や産学連携にどのような意識を持ち，何を課題と考えているかについて，ハンガリーのセゲト大学と共同で実施した実態調査に基づき分析する。

　日本経済の将来を考えたとき，イノベーションの持続的な創出は，必ず成し遂げなければならない国家的な課題とも言える。人口減少と少子高齢化が急速に進む日本において，イノベーション創出という課題は避けては通れない。そこに，今回のコロナ禍が，日本のみならず世界経済に大打撃を与えた。これは，

大学がイノベーション創出にさらなる貢献を求められているとも言える。本書のケース分析が，今後のわが国における大学発のイノベーション創出に対して実践的な示唆を提供できているとすれば望外の喜びである。

　本書は，イノベーション創出に取り組む各大学のキーパーソンへのインタビューを元に分析している。多忙な中での長時間のインタビューとともに，とりまとめの段階では，筆者たちの原稿に対して，内容の確認とともに様々なアドバイスを頂いた。また，大学研究者のイノベーション創出に関する意識調査においては，神戸大学と徳島大学の理系研究者にアンケートへの回答の協力を頂いた。以上のご支援・ご協力に対して記して感謝したい。

　最後に，本書は，独立行政法人日本学術振興会，韓国との共同研究「日本と韓国の大学発科学技術スタートアップベンチャーの活性化に関する研究」（2018年度—2019年度）による，日本を対象とした研究成果である。同研究プロジェクトの韓国側メンバーである忠南大学のKim Hyung Jun, Oh Keunyeob, Min Tae Kiの各教授には，意見交換を通じて多くの示唆を頂いたことに感謝したい。また，今後，韓国メンバーとの国際共同研究が一層進展することを祈念している。

　2020年7月

　　　　　コロナ禍を乗り超えるイノベーションの創出を期待して

　　　　　　　　　　　　　　忽那憲治

■ケースブック 大学発ベンチャー創出のエコシステム

目　次

157

第8章　**地方国立大学の少ないリソースのもとでの**
選択と集中
徳島大学　―徳島大学産業院の挑戦―

177

第9章　**コンピューター理工学専門の特色を生かした**
ベンチャー事業育成
会津大学　―地域を実証フィールドにできることの地方大学の強み―

序章

日米の大学発ベンチャー創出と産学連携

1 ｜はじめに

　企業家活動（アントレプレナーシップ）は多様であり，大企業や中小・中堅企業などの既存の企業内で取り組む企業内起業（イントラプレナーシップ），新たに独立の企業を設立して取り組む独立起業（インディペンデント・アントレプレナーシップ），社会的な課題の解決に焦点を当てて企業やNPO等が取り組む社会起業（ソーシャル・アントレプレナーシップ），大学等の研究者が自身の研究成果を元にして起業するアカデミック・アントレプレナーシップなど，さまざまなタイプがある。本書は，わが国におけるアカデミック・アントレプレナーシップの活性化のためのエコシステム構築に向けた大学の取り組みに焦点を当てるものである。

　もちろんアカデミック・アントレプレナーシップに限定されることではないが，地域の大学を核とするハイテク・クラスターの形成は，シリコンバレーやボストンのほか，西澤・福嶋（2005）や福嶋（2015）が詳細な分析を行ったテキサスのオースティンなど，アメリカの先駆的な事例を挙げるまでもなく，画期的なイノベーションの創出や地域経済の発展に大きな貢献を果たす。マサチューセッツ工科大学（MIT）のマイケル・クスマノ教授は，『日経ビジネス』2019年8月5日号において，「大学は起業のハブになる」と題して，MITは学生のみならず教員の起業をプロデュースし実践するハブとして機能しており，MIT出身者だけで3万社を起業してきていると述べている。

　シェーン（2005）は，大学発ベンチャーが果たす重要性について，経済的価値の創出，高学歴層の雇用の創出，大学技術への開発投資の促進，地域経済の発展の4つを指摘している。また，大学発ベンチャーの全体的なプロセスは，事業創出プロセスと事業発展プロセスの2つからなり，前者のプロセスに対しては，大学の特質，大学が立地する地域の状況，技術の特性，産業特性，起業家人材が影響を与える主要因であると指摘している。

　しかし，アレン（2009）が指摘するように，科学者やエンジニアが起業で成功するには乗り越えるべき多くの課題がある。新技術を市場に出すためには，その技術に対して顧客が対価を支払う製品やサービスへと転換するために，技

術系のスキルとビジネスのスキルを高度なレベルで融合させる必要がある。

　山田（2015）は，日本を対象として，大学発ベンチャー創造の入り口である初期の企業家チームの組織化だけではなく出口戦略についても考察し，加えてその主導的役割を担う企業家的研究者の入り口と出口についても包括的な分析を行っている。このほか，活動する地域と大学発ベンチャー創造の関連性など，重要な問題について詳細なケーススタディを通じて明らかにしている。山田が「まえがき」に記しているように，同書の問題意識は3つ（①大学発ベンチャーは誰のためにあるのか，②設立された組織はいつまで大学発「ベンチャー」のままで，いつから普通の企業ととらえるべきなのか，③事業組織を設立した創業者の役割は，経営の中で固有で永続するものなのか）であるが，自明のようで難しい問いである。

　わが国では，1998年に「大学等技術移転促進法（通称TLO法）」が制定され，その後2001年には「新市場・雇用創出に向けた重点プラン」，いわゆる平沼プランが発表された。経済産業省は「大学発ベンチャー1000社計画」を策定し，その3年後の2004年には目標の1000社を達成した。大学発ベンチャーの上場企業も徐々に増加してきている。また，2004年の国立大学の法人化によって各大学に知財本部が設置され，産学連携が大きく進展することになる。ただ，本章で後述するアメリカの実態と比較すると，量的にも質的にも大きな後れをとっているのが現状である。

　本章では，まず第2節において，1つの理想モデルとしてしばしば言及されるアメリカの大学発ベンチャー創出と産学連携の現状を概観する。次に第3節では，日本の大学発ベンチャーの創出について考察する。日本の大学発ベンチャーの設立状況を概観した後，大学発ベンチャーを巡る課題を分析する。第4節では，日本の産学連携の現状と課題について考察する。第5節では，日本における地方の大学発ベンチャーの現状と課題を考察する。最後に，第6節では，本章で紹介したわが国の大学発ベンチャー創出と産学連携の現状と課題を受けて，第1章以下で考察する対象の大学等について概要を紹介する。

2 | アメリカの大学発ベンチャー創出と産学連携の現状

　図表序−1は，アメリカの大学発ベンチャーの起業数の2012年から2017年までの推移を示している。2012年の705社から2017年には1080社へと増加傾向にある。ライセンシングによる収入は，2017年では31億ドル（1ドル110円換算で約3400億円）を超えている。また，大学発ベンチャーが起業した場所を，大学の所在する州と同一か外部かで構成比率を見ると，同一州内への設立が2017年においても70％程度を占めている。地方経済の活性化を考えるうえでも大学発ベンチャーの果たす役割の大きさをうかがうことができる。

　続いて，**図表序−2**はベンチャーキャピタル・ファームが投資を行ったアメリカの大学発ベンチャーの設立数（学部生）の上位20大学を示している。第1

図表序−1　アメリカの大学発ベンチャーの起業数の推移（2012年〜2017年）

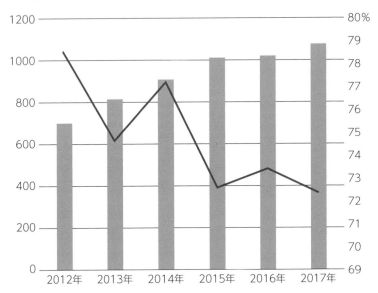

（出所）AUTM 2017 Licensing Activity Surveyより作成。

図表序－2 アメリカの大学発ベンチャー設立数の上位20大学（学部生）

大学名	起業家数	会社数	調達額（百万USD）
スタンフォード大学	1,006	850	$18,146
UCバークレー校	997	881	$14,239
マサチューセッツ工科大学（MIT）	813	695	$12,874
ハーバード大学	762	673	$17,204
ペンシルベニア大学	724	648	$9,475
コーネル大学	635	585	$10,777
ミシガン大学	607	546	$7,767
テキサス大学	561	511	$4,763
テルアビブ大学	515	429	$5,101
イリノイ大学	451	415	$5,462
UCロサンゼルス校（UCLA）	432	406	$6,988
イエール大学	421	379	$7,449
プリンストン大学	408	382	$6,976
ウイスコンシン大学	397	350	$2,632
南カリフォルニア大学（USC）	381	341	$3,476
イスラエル工科大学	379	323	$4,765
カーネギーメロン大学	378	324	$4,592
コロンビア大学	373	347	$4,995
ブラウン大学	373	338	$6,426
ウォータールー大学	361	275	$5,067

（出所）Pitchbook Universities Report 2016-2017 Editionより作成。

位はスタンフォード大学であり，起業家として1006名，設立した企業として850社を生み出している。ベンチャーキャピタル・ファームからの調達資金額も，20大学の合計ベースで180億ドル超（110円換算で約2兆円）に達している。

　図表序－3は，2016年8月から2017年8月までの約1年間に設立された，これまでの資金調達額が100万USD（110円換算で約1億1000万円）以上のスタートアップについて，アメリカの大学別の卒業生が設立したベンチャー企業数の上位20大学を示したものである。こちらも第1位はスタンフォード大学であり，195社となっている。以下，マサチューセッツ工科大学の134社，ハーバード大学の95社，UCバークレー校の85社，コーネル大学の83社と続く。

図表序－3 アメリカの大学別の卒業生ベンチャー設立数の上位20大学

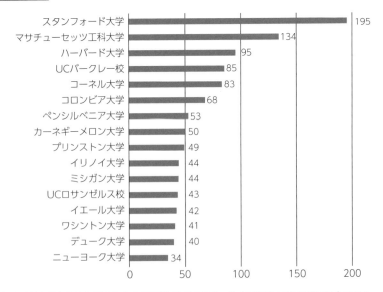

(注) 2016年8月から2017年8月までの期間に設立された，資金調達額が100万USD以上のスタート
アップ数。
(出所) TechCrunch, Here are the top schools among founders who raise big dollars.より作成。

　続いて，**図表序－4**は，アメリカの大学の知的財産権の保護に関する状況を
示している。改めて指摘するまでもなく，特許はアカデミック・アントレプレ
ナーシップにおいて極めて重要な資源である。特許申請の状況を仮出願
(Provisional Patent Applications) の申請，特許出願 (Utility Patent Applications)，
発行特許 (Issued Patents) に分けて，2013年から2017年までの5年間の推移状
況を示している。年による増減はあるが，2017年で見ると，仮出願が1万1418
件，特許出願が1381件となっている。そして，発行特許数は2017年で7459件と
なっている。

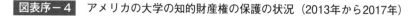

図表序−4　アメリカの大学の知的財産権の保護の状況（2013年から2017年）

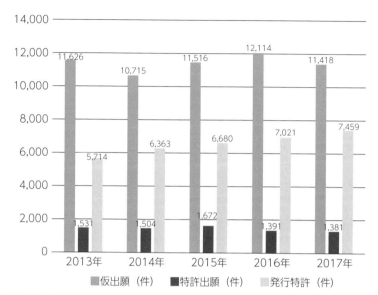

（出所）AUTM 2017 Licensing Activity Surveyより作成。

3 ┃ 日本の大学発ベンチャー創出の現状

3.1　大学発ベンチャーの設立状況

　図表序−5は，1995年度から2018年度までの大学発ベンチャーの設立数の推移を示している。株式会社価値総合研究所（2019）によると，2018年度調査で大学発ベンチャーとして確認できた企業は2278社であり，前年の2017年度調査の2093社から185社の増加となっている。前述したアメリカの2017年度の1080社と比べると大きな差があるものの，着実に社数を増加させている。

　また，同報告書は，大学発ベンチャーの分類として，研究成果ベンチャー，共同研究ベンチャー，技術移転ベンチャー，学生ベンチャー，関連ベンチャーの5つのタイプを挙げている。図表序−6は，2015年度から2018年度までの4年間に設立された大学発ベンチャーについて，5つのタイプ別の構成を示して

図表序－5 日本の大学発ベンチャーの設立数の推移（1995年度から2018年度）

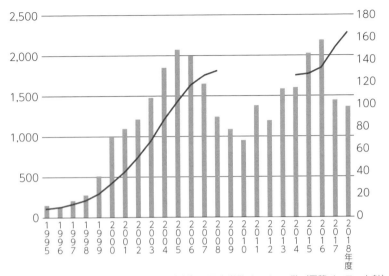

███ 大学発ベンチャー数（単年ベース：右軸）　━━ 大学発ベンチャー数（累積ベース：左軸）

（注）2009年度から2014年度までの累積ベースの調査データは開示されていない。
（出所）株式会社価値総合研究所（2019）より作成。

図表序－6 日本の大学発ベンチャーのタイプ別構成（1995年度から2018年度）

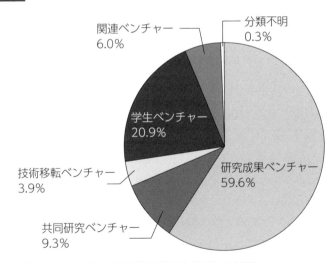

（出所）経済産業省（2018a），株式会社価値総合研究所（2019）より作成。

いる。4年間の合計の7990社を上記の5つのタイプ別に見ると，順に構成比は59.6％，9.3％，3.9％，20.9％，6.0％となっており（分類不明0.3％），研究成果ベンチャーが6割程度，学生ベンチャーが2割程度を占めている。

業種別に見ると，2018年度調査の業種構成比の上位は，バイオ，ヘルスケア，医療機器が702社，IT（アプリケーション，ソフトウェア）が667社，その他サービスが649社，ものづくり（ITハードウェアを除く）が462社，環境テクノロジー・エネルギーが234社，IT（ハードウェア）が219社，化学・素材等の自然科学分野（バイオ関連を除く）が216社となっている。

図表序−7は，大学発ベンチャー設立数の上位30大学を示しているが，2016年度から2018年度までの3年間の上位30大学の合計4874社のうち東京大学の設立企業数は766社（16.7％）であり，他の大学を圧倒している。

地域別の大学発ベンチャー企業数を見ると，図表序−8に示すように，2015年度から2018年度までの4年間の合計8158社のうち東京都は2365社（29.0％）

図表序−7　日本の大学発ベンチャー設立数の上位30大学（2016年度から2018年度）

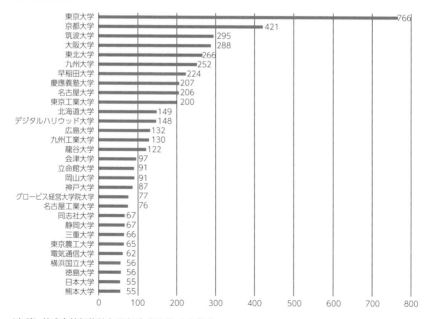

（出所）株式会社価値総合研究所（2019）より作成。

図表序－8 日本の大学発ベンチャー企業の地域別構成（2015年度から2018年度）

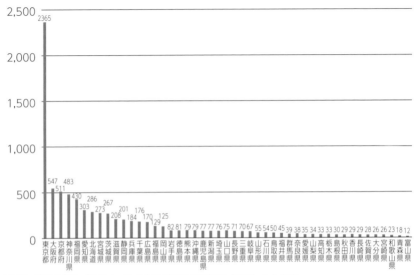

(出所) 経済産業省（2018a），株式会社価値総合研究所（2019）より作成。

であり，第2位の大阪府の547社を大きく引き離し，圧倒的な比率を占めている。現状では，大学が所在する地域での創業は少なく，今後はアメリカのように大学の所在地での創業を促進させるなどの取り組みが期待される。シェーンの指摘する大学発ベンチャーの重要性からも明らかなように，わが国の地域活性化を考える上で，地方における大学発ベンチャーの創出は今後の大きな課題である。

3.2　大学発ベンチャーを巡る課題

　経済産業省（2018b）は，大学発ベンチャーを巡る今後の課題について，人材面，資金面，知財・知識面の3つの視点から考察している。

　人材面については，経営人材の厚みをどのように増していくかが課題となっている。大学発ベンチャーの経営人材のみならず，それらを支援する専門人材の育成も重要な課題である。ベンチャー企業の知財戦略や資本戦略に精通した弁理士や弁護士は不足しており，とりわけ地方においては深刻である。

　日本のバイオベンチャーの実態を分析した中村・小田切（2002）は，65社の
バイオ・ベンチャー企業に対する面談式のアンケート調査を実施し，起業時の
障害として多く指摘されている要因として，第1位が「スタッフの確保（研究
者・技術者）」で53.8％，第2位が「資金調達」で49.2％となっており，人材面
と資金調達面の課題を抱えている実態を指摘している。人材の採用については，
博士号取得者に対するニーズが高いにもかかわらず，大学にこうした人材は偏
在しており，ベンチャー企業での採用は困難となっていることを指摘している。

　資金面については，大学発ベンチャーの多くが研究開発型であることから，
大学の研究成果が事業化の可能性があるかどうかを検証することが重要である。
いわゆるProof of Concept（PoC）であるが，それを実施するための資金の獲
得は民間ベースで行うのは難しく，その資金需要に対応するためのギャップ
ファンド（研究者が試作開発を行うための資金を大学が提供し，基礎研究と事業化
の間に存在するギャップを埋める資金）を充実させていく必要がある。経済産業
省（2018b）は，アメリカの大学では寄付金を原資とするギャップファンド制
度を多くが持っており，PoCまでの資金を提供している。一方，日本の大学に
おいては，ギャップファンド制度を有している大学はわずか2％にとどまると
指摘している。

　ベンチャーキャピタルと大学との連携も重要である。東京大学エッジキャピ
タル他，大学発ベンチャーを主な投資先とするベンチャーキャピタルが多くの
大学で設立されている。大学発ベンチャー調査の回答企業417社の分析による
と，資金調達に関しては，最大出資者は創業者で62.3％を占める。続いて取締
役や従業員が14.6％となっている。一方，事業会社は6.6％，ベンチャーキャピ
タルは5.2％となっている。つまり，日本では資金面をサポートする制度が不
十分であり，今後大学による取り組みなどが求められる。

　知財・知識面では，大学発ベンチャーのイグジットとしてM&Aが増加して
いることや，グローバル市場でのビジネス展開の増加を背景に知財戦略の重要
性が高まってきていることを指摘している。

　帝国データバンク（2018）も自社が保有するデータベースを元に大学発ベン
チャー1002社を抽出し分析を行っている。収益性に関して，会社設立後に始め
て黒字化するまでに要した年数は平均で5.1年，中央値で4年となっている。

このことからも収益化までの資金調達の重要性をうかがうことができる。また，大学発ベンチャーの業績の決定要因に関して，平井・渡部・犬塚（2012）は，経済産業省との共同研究の質問票調査のデータを用いて，トップ・マネジメント・チームの特徴が業績（直近年度の売上高）に与える影響を分析している。チームの特徴として，大学外出身者の割合が高いこと，異質性が高いこと，戦略的コンセンサスと個人的な親密さの両面の関係性の深さが業績に対してプラスの効果を与えていることを明らかにしている。大学の研究者が技術者だけではなく，例えば，資金調達の専門家や，弁護士・弁理士など，それぞれの分野の専門家の組織化が重要であると考えられる。

4 | 日本の大学における産学連携

　文部科学省（2019）は，全国の大学等1061機関を対象に実施した産学連携等の実施状況を報告している。**図表序－9**は，2011年度から2017年度までの民間企業からの研究資金等の受入額について，共同研究，受託研究，治験等，知的財産権等収入額の4つに分けて推移を示している。2017年度では，共同研究が526億円，治験等が171億円，受託研究が116億円，知的財産権等収入額が36億円となっている。

　知的財産権等収入額の2017年度の大学別ランキング上位30大学を見ると，**図表序－10**に示すように，上位5大学は，東京大学9億3221万円，京都大学7億390万円，東京工業大学2億9017万円，大阪大学2億3115万円，東北大学

図表序－9　民間企業からの研究資金等の受入額の構成（2011年度～2017年度）

（単位：百万円）

	2011年度	2012年度	2013年度	2014年度	2015年度	2016年度	2017年度	合計
共同研究	33,433	34,148	39,023	41,603	46,719	52,557	60,814	308,297
受託研究	8,668	9,682	10,543	11,066	10,960	11,563	12,610	75,092
治験等	15,163	16,813	17,206	15,193	15,240	17,079	18,281	114,975
知的財産権等収入額	1,705	2,198	2,741	2,623	3,495	3,554	4,289	20,605
合計	58,969	62,841	69,513	70,485	76,414	84,754	95,994	518,970

（出所）文部科学省（2019）より作成。

1億7214万円となっている。関東学院大学と日本大学の私立2大学が1億円を超え，上位10大学にランクされている。また，鳥取大学が7627万円で11位にランクしており，地方大学で健闘している大学がいくつかあることは注目すべき点である。

中山（2007）は，大学と中小企業の産学連携について，本来中小企業は大企業に比べて経営資源が乏しく，新製品の開発やイノベーションの創造を独自に行うことは容易ではない。それにもかかわらず，中小企業において大学との連携を行うことは極めて少ないという問題を指摘している。同論文によると，中小企業で産学連携を経験したことがある企業は2割弱であり，8割以上の中小企業にとって産学連携は無縁な存在となっている。そうした中，地方の小規模大学ほど中小企業との連携に力を入れている実態を指摘している。

図表序－10　日本の大学の知的財産権等収入の上位30大学（2017年度）

（単位：千円）

順位	機関名	収入額	順位	機関名	収入額
1	東京大学	932,207	16	広島大学	41,903
2	京都大学	703,896	17	神戸大学	37,974
3	東京工業大学	290,165	18	熊本大学	36,486
4	大阪大学	231,145	19	徳島大学	35,398
5	東北大学	172,140	20	早稲田大学	32,742
6	九州大学	126,587	21	富山大学	32,535
7	名古屋大学	117,913	22	岡山大学	32,331
8	関東学院大学	107,017	23	筑波大学	29,788
9	日本大学	100,862	24	山口大学	29,316
10	東京医科歯科大学	98,879	25	愛媛大学	28,173
11	鳥取大学	76,273	26	人間文化研究機構	27,741
12	順天堂大学	72,544	27	金沢大学	27,271
13	慶應義塾大学	62,666	28	宮崎大学	27,129
14	北海道大学	61,407	29	北里大学	23,922
15	信州大学	48,202	30	東京理科大学	22,980

（出所）文部科学省（2019）より作成。

　安田・隅藏・長根・富澤（2019）は，中小企業との産学連携について，文部科学省他の公表情報を用いて，全国316大学の2014年度から2017年度までの共同研究および受託研究の状況を分析した。分析の結果，中小企業と積極的に協力する大学があること，連携する企業の選択肢が豊富にあるにもかかわらず中小企業と密に連携する大学（「SMEコラボ10大学」と呼んでいる）が存在することを明らかにしている。これら10大学のうち7大学は地方大学である。また，産学連携の効果を分析したところ，地場産業の競争力強化，社会的課題の解決，技術融合による革新的製品の誕生という重要な機能を果たしていることを明らかにした。

　山本（2012）は，日本の産学連携が産業界や学術界から期待どおりの評価を受けていない原因として，産学連携で成果を出すためには相当の時間を必要とすることが理解されていないことにあると指摘している。スタンフォード大学やマサチューセッツ工科大学でさえ，黒字化にはそれぞれ15年以上，10年以上を要している。また，産学連携をアメリカのように成功させるためには，マーケティングモデルの確立が不可欠であると指摘している。当然，マーケティングモデルを実践するための人材の登用や育成がTLOにおいても求められる。

5 ｜ 日本の地方ベースの大学発ベンチャー

　経済産業省（2018b）は，大学発ベンチャーが都市圏の大学の集中している現状について，地方における大学発ベンチャーが伸び悩んでいる原因として，人材と情報の不足の2点を指摘している。地方における経営人材の育成や，地方のベンチャー企業が情報交換を行う場の創出，財務・会計・法律面の専門家との交流や情報を得やすい環境の創出が重要である。リスクキャピタルに関しても民間ベンチャーキャピタルの投資は首都圏に集中しており，地方大学が関連のベンチャーキャピタルを設立しているケースもまだ少ない。

　須田（2010）は，北海道大学発のベンチャー企業3社の事例も紹介しながら，地域における大学発ベンチャーの役割について，人材面の重要性を強調している。大学発ベンチャーは先端技術に基づく事業化に取り組んでいるケースが多いことから，就職難に直面している博士課程修了者などの高度人材の就職先と

して機能することができる。つまり，大学発ベンチャーは地域に高度人材を残す役割が期待でき，中核となる新産業を創出することを通じて，地域の活性化への寄与をすることができると指摘している。

小柳（2011）は，大学発ベンチャーを1つは事業活動がプロダクト指向かサービス指向か，もう1つは母体機関との関係が強いか弱いか（大学等の現職の教職員が直接参加しているか，研究室や学生と日常的で対面的な接触があるかどうかで定義）の2つの軸でタイプ分けを行い，設立時点と調査時点の立地を比較分析した。母体機関との関係が強い企業は，取り組んでいる事業の性質にかかわらず，母体機関との近接性を重視して地方に立地し続けている一方，母体機関との関係が弱い企業は近接性を重視せずに，取り組む事業の性質によっては大都市を指向して移転を行っていることを明らかにした。

地方に設立されたベンチャー企業の多くが，その後の事業展開の中で首都圏に移転することがよく指摘されるが，大学発ベンチャーの中には母体機関との関係を重視して，地方にとどまる企業が多いことは，今後の地方大学の役割を考える上でも興味深い点であると言えよう。

6 ┃ おわりに

日本の大学発ベンチャー創出と産学連携の現状を概観すると，アメリカの現状との比較で大きく後塵を拝しているとはいえ，明らかに大きな進展を見せている。

本章で紹介した日本の大学発ベンチャー創出と産学連携の現状と課題を受けて，本書の第1章以下では，日本の主要大学がどのような取り組みを実践しているかを考察する。本書では，わが国の国立大学，公立大学，私立大学の中から，興味深い取り組みをしている東京大学，京都大学，大阪大学，東北大学，名古屋大学，九州大学，神戸大学，徳島大学，会津大学，慶應義塾大学の10大学を取り上げ分析する。**図表序－7**に示したように，これらの10大学は日本の大学発ベンチャー設立数の上位30大学にいずれもランクされている。

また，10の大学別の分析に続き，終章では大学研究者の科学技術シーズの商業化に対する意識についてのアンケート調査のデータを元にした分析結果を紹

介する。各章のおわりにでは，分析を受けて総括と提言をまとめている。

◆ 参考文献

株式会社価値総合研究所（2019），『平成30年度産業技術調査事業（大学発ベンチャー実態等調査）報告書』2月。

キャスリーン・アレン（2009），『科学者が「起業」で成功する方法』日経BP。

経済産業省　産業技術環境局　大学連携推進室（2018a），『平成29年度産業技術調査事業（大学発ベンチャー・研究シーズ実態等調査）』3月。

経済産業省　産業技術環境局　大学連携推進室（2018b），『大学発ベンチャーのあり方研究会　報告書』6月。

小柳真二（2011），「日本における大学発ベンチャー企業の立地行動分析」『地理学評論』第84巻第5号，pp.473-489.

スコット・シェーン（2005），『大学発ベンチャー：新事業創出と発展のプロセス』中央経済社。

須田孝徳（2010），「地域における大学発ベンチャーの役割」『日本経営診断学会論集』第9巻，pp.109-114.

帝国データバンク（2018），『大学発ベンチャー企業の経営実態調査』2月。

中村吉明，小田切宏之（2002），「日本のバイオ・ベンチャー企業―その意義と実態―」『RIETI Discussion Paper Series』02－J-007.　pp.1-47.

中山健（2007），「大学と中小企業による産学連携」『東京大学大学院教育学研究科紀要』第47巻，pp.395-403.

西澤昭夫，福嶋路編著（2005），『大学発ベンチャー企業とクラスター戦略』学文社。

平井祐理，渡部俊也，犬塚篤（2012），「日本の大学発ベンチャーのトップ・マネジメント・チームが業績に与える影響に関する実証研究」『研究　技術　計画』第27巻，第3－4号，pp.259-272.

福嶋路（2015），『ハイテク・クラスターの形成とローカル・イニシアティブ』白桃書房。

マイケル・クスマノ（2019），「大学は起業のハブになる」『日経ビジネス』8月5日号。

文部科学省　科学技術・学術政策局　産業連携・地域支援課（2017），『都道府県等における科学技術に関連する予算調査』11月。

文部科学省　科学技術・学術政策局　産業連携・地域支援課　大学技術移転推進室（2018），『平成28年度　大学等における産学連携等実施状況について』2月。

文部科学省　科学技術・学術政策局　産業連携・地域支援課　大学技術移転推進室
　　(2019),『平成29年度　大学等における産学連携等実施状況について』2月。
安田聡子，隅藏康一，長根裕美，富澤宏之 (2019),「産学連携：中小企業と積極的
　　に協力する大学および連携プロジェクトの研究」『日本政策金融公庫論集』第44
　　号，pp.71-98.
山田仁一郎 (2015),『大学発ベンチャーの組織化と出口戦略』中央経済社。
山本貴史 (2012),「大学の技術をコマーシャライズする方法について」『産学連携学』
　　第8巻，第2号，pp.31-40.

第1章
東京大学

ベンチャーが生まれる好循環が
回りはじめたエコシステム

―研究・教育成果の事業化を目指す
ベンチャー企業への持続的支援―

1 | はじめに

　東京大学は，1877年に設立された日本で最も長い歴史を持つ，日本を代表する大学の1つである。学問の自由と自律を基盤に，世界に向かって自らを開き，社会の過去・現在・未来に対して責任を持ちうる教育・研究活動を行いながら，大学と社会との双方向的な連携を推進することを基本理念として，近代日本国家の発展に貢献してきた。近年，東京大学は，社会の要請に応え，より一層「社会に開かれた大学」を目指して，大学から社会への研究成果の還元という一方向だけでなく，大学と社会が協働して課題を発見・共有し，新たな知とイノベーションを生み出す「知の協創」と呼ぶべき双方向の活動から，社会との連携を推進している。

　2003年に制定された東京大学憲章では，研究成果の社会への還元に関して，「研究成果を短絡的に求めるのではなく，永続的，普遍的な学術の体系化に繋げることを目指し，社会と連携する研究を基礎研究に反映させる。また，教育を通じて研究成果を社会に還元するため，最先端の研究成果を教育に活かすとともに，これによって次の世代の研究者を育成する」ことが明文化され，東京大学における産学連携，研究成果の社会への還元の重要性はこれまで以上に増してきている。

　東京大学では，毎年，世界最先端の研究から500件以上の発明が創出され，1600件以上の産業界等との共同研究が実施されている。これらの研究開発活動を通して，ベンチャー企業を起業する動きも活発に行われており，起業相談は年間で100件超に上る。有望なベンチャー企業が次々に創出されており，近年では200社を超える東京大学発ベンチャーが大学のキャンパス周辺に存在している。まさに，東京大学を中心としたベンチャーエコシステムが形成されつつあると言えるが，ベンチャー企業が生まれ，大きく育っていくためには，それを支える仕組みが必要である。起業家や投資家がいて，ベンチャーキャピタル，さらにはM&Aを行う機関等，さまざまな立場の専門家が集まり，有機的に機能する仕組みが重要となる。

　本章では，近年，大学の研究成果から有望な大学発ベンチャーを次々に生み

出している東京大学に着目し，第2節では，東京大学発ベンチャーの現状と代表的な東京大学発ベンチャーについて紹介する。第3節では，学生へのアントレプレナー教育の中心となっている東京大学アントレプレナー道場を紹介する。第4節では，東京大学の大学発ベンチャー創出支援の中核を担っている株式会社東京大学TLO，株式会社東京大学エッジキャピタル，東京大学協創プラットフォーム開発株式会社の役割を紹介する。最後に，第5節では，大学発ベンチャー創出支援の観点から，大学発ベンチャー創出に当たってのインプリケーションをまとめ，総括することとする。

2 ｜ 東京大学発ベンチャーの現状

2.1　東京大学発ベンチャーの現状

　東京大学発ベンチャーの現状について，株式会社価値総合研究所（2019）が実施した「経済産業省平成30年度産業技術調査事業（大学発ベンチャー実態等調査）」の調査結果に基づき，大学発ベンチャー企業数，上場している大学発ベンチャー企業数の2つの視点から概観する。

　東京大学の大学発ベンチャー企業数は，**図表序－7**に示すように，2016年度から2018年度の3年間で766社（全国第1位，全体の16.7％）である。全国第2位である421社の京都大学とは300社以上の差があり，第2位以下の大学を大きく引き離している。東京大学は，大学発ベンチャー創出において，抜きん出た存在と言うことができる。

　また，大学別の上場している大学発ベンチャー企業数（2014-2016年度）に関しても，**図表1－1**に示すとおり，東京大学は10社（全国第1位，全体の38.4％）であり，2社で並ぶ東京女子医科大学，大阪大学，慶應義塾大学（全国第2位タイ，全体の7.69％）を大きく引き離している。これらの大学発ベンチャーに関する実績から，東京大学は，わが国の大学発ベンチャー創出の実績において，全国の大学を牽引する存在であると言える。

図表1-1 上場している大学発ベンチャー企業数（大学別）

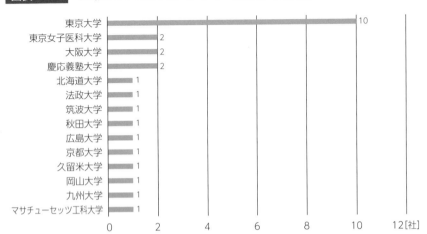

（出所）Beyond Next VenturesのブログHP〈https://medium.com/@BeyondNextVentures〉より作成。

2.2 代表的な東京大学発ベンチャー

前述のとおり，東京大学発ベンチャー企業数は766社（2016年度から2018年度の合計）であり，これまでに上場を果たしたベンチャー企業数は18社に上る。ここでは，上場を果たした東京大学発ベンチャーのうち，代表的な企業について紹介する。

2.2.1 株式会社ユーグレナ

株式会社ユーグレナは，東京大学農学部出身の出雲充氏（現：代表取締役社長）と鈴木健吾氏（現：執行役員　研究開発担当）により，2005年に設立された東京大学発ベンチャーである。世界で初めてミドリムシを屋外で大量培養する技術の開発に成功した。健康食品，化粧品などに展開し，2014年には東証一部上場を果たした。現在は，全日空やいすゞ自動車などとの共同研究により，バイオジェット燃料やバイオディーゼル燃料としての利用も期待されている。

2.2.2 ペプチドリーム株式会社

ペプチドリーム株式会社は，東京大学大学院理学系研究科の菅裕明教授の研

究成果を基に，2006年に設立された東京大学発ベンチャーである。独自の創薬開発プラットフォームシステム（PDPS：Peptide Discovery Platform System）により，多様性が高い特殊環状ペプチドを多数合成し，高速で評価が可能という特徴がある。創薬において重要なヒット化合物の創製やリード化合物の選択等が簡便に行える利点がある。2013年に東証マザーズに上場し，2015年には東証一部市場への市場変更を果たしている。

2.2.3　株式会社 PKSHA Technology

　株式会社PKSHA Technologyは，東京大学大学院工学系研究科の松尾豊研究室出身の上野山勝也氏（現：代表取締役）と山田尚志氏（現：取締役）により，2012年に設立された東京大学発ベンチャーである。自然言語処理，画像認識，機械学習・深層学習技術を用いたアルゴリズムソリューションを，種々のハードウエア端末（サーバ，スマートフォン，医療機器，IoT機器等）向けに開発している。2017年に東証マザーズ上場を果たした。トヨタ自動車等からも出資を受け，時価総額は直近で1400億円を超えている。

3 ┃ 東京大学アントレプレナー道場

　なぜ東京大学では，次々とこのような有望な大学発ベンチャーが創出されるのか。ベンチャー創出に重要な役割を担うのが，2005年から東京大学産学協創推進本部が推進するアントレプレナー教育「東京大学アントレプレナー道場」である。その推進役を務めるのが，東京大学産学協創推進本部イノベーション推進部長の各務茂夫教授である。アントレプレナー道場は，東京大学の学部生，大学院生，ポスドク研究員を対象に，独創的な研究成果を基にした起業や社会問題の解決を目指すビジネスの立ち上げなど，さまざまな形の起業について教育や訓練の場を提供している。アントレプレナー道場への参加時点で具体的な起業アイデアを持つ必要はなく，起業などは別世界のできごとだと考えている学生や研究者に起業というものを身近に感じてもらい，キャリアの選択肢を広げてもらうことを目的としている。やりたいことが見つからない人，起業のアイデアがない人の参加も歓迎し，アントレプレナー道場の参加基準を柔軟にし

24

ていることが特徴である。

　アントレプレナー道場は，ベンチャー起業の実学を学ぶコースとして，入門編，基礎編，応用編，チャレンジ編の4つの段階で運営されている。入門編である「アントレプレナーシップⅠ」では，主に起業家をゲスト講師として迎え，アントレプレナーシップのマインドセットとスタートアップのアイデア創出法について学ぶ。基礎編である「アントレプレナーシップⅡ」では，将来起業することとなったときに知っておくべき基礎知識や考え方を講義とゲスト講師のプレゼンテーションから学ぶ。応用編である「アントレプレナーシップⅢ」では，ビジネスアイデアを議論しながら，起業家の思考法をワークショップ形式で学ぶ。さらに，チャレンジ編では，「アントレプレナーシップ・チャレンジ」と称して，チームごとにビジネスプラン・コンテストを行う。本コンテストは，前述の入門編・基礎編・応用編を受講していなくても，ビジネスプランとチームがあれば応募可能となっている。書類選考の後，選考対象となったチームは，アントレプレナー道場卒業生の起業家や専門家などの社会人からメンタリングを受け，約3カ月間，最終発表に向けてビジネスプランの作り込みを行う。入門編からチャレンジ編まで，約6カ月のプログラムとなっており，ビジネスプラン・コンテストにおいて優秀な成績をおさめたチームには，北京大学への派遣などの海外派遣プログラムへの参加機会が与えられる。

　これまでに，第1期（2005年）から第14期（2018年）までに3000名以上の学生が受講し，100名以上の卒業生が起業に至っている。このような起業家を育成する仕組みが，学生や研究者の意識の変革を促し，東京大学発ベンチャーの創出に大きな役割を果たしていると考えられる。2019年度（第15期）アントレプレナー道場スケジュールは，**図表1－2**のとおりである。

図表1－2　アントレプレナー道場2019年度（第15期）のスケジュール

■入門編「アントレプレナーシップⅠ」

| 第1回 | 04月10日(水) | ガイダンス | アントレプレナー道場　講師 |
| | | ゲスト講演 | エレファンテック㈱　代表取締役 清水 信哉 氏 |

第2回	04月17日 (水)	アイデアの作り方	アントレプレナー道場　講師
		ゲスト講演	Gruin　川本 亮 氏
			dlnii　山田 真央 氏
			Mantra　石渡 祥之佑 氏
第3回	04月24日 (水)	起業のみちのり	アントレプレナー道場　講師
第4回	05月08日 (水)	競合と競争戦略	アントレプレナー道場　講師
		ゲスト講演	READYFOR㈱　代表取締役CEO　米良 はるか 氏
第5回	05月15日 (水)	資金調達の考え方	アントレプレナー道場　講師
第6回	05月22日 (水)	社会的インパクト	アントレプレナー道場　講師
		ゲスト講演	㈱アストロスケール　創業者兼CEO　岡田 光信 氏
第7回	05月29日 (水)	アントレプレナーとしてのキャリア	アントレプレナー道場　講師

■基礎編「アントレプレナーシップⅡ」

第1回	06月05日 (水)	チームの運営	アントレプレナー道場　講師
		ゲスト講演	atama plus㈱　共同創業者兼代表取締役　稲田 大輔 氏
			atama plus㈱　共同創業者兼取締役　中下 真 氏
第2回	06月12日 (水)	プロダクトの作り方	アントレプレナー道場　講師
第3回	06月19日 (水)	ビジネスモデルの考え方	アントレプレナー道場　講師
第4回	06月26日 (水)	マーケティングとセールス	アントレプレナー道場　講師
		ゲスト講演	㈱PROVIGATE　代表取締役CEO　関水 康伸 氏
第5回	07月03日 (水)	フィールドワーク（1）	
第6回	07月10日 (水)	フィールドワーク（2）	
第7回	07月24日 (水)	フィールドワーク（3）	

■応用編「アントレプレナーシップⅢ」

| 第1回 | 09月25日 (水) | オリエンテーション，プロジェクトマネジメントとチームマネジメント |
| 第2回 | 10月02日 (水) | 第一回　プロジェクト |

第3回	10月09日 (水)	第一回　プロジェクト　発表会
第4回	10月16日 (水)	第二回　プロジェクト
第5回	10月23日 (水)	第二回　プロジェクト　発表会
第6回	10月30日 (水)	第三回　プロジェクト
第7回	11月06日 (水)	第三回　プロジェクト　発表会

（出所）東京大学産学協創推進本部HP〈https://www.ducr.u-tokyo.ac.jp/index.html〉より作成。

4 ┃ 東京大学発ベンチャーの支援体制

　東京大学には，前述のアントレプレナー教育や大学全体の産学連携体制の整備・支援を行う東京大学産学協創推進本部の他に，産学協創推進本部の知的財産部と一体となって知的財産マネジメントを行う株式会社東京大学TLO，大学発ベンチャー向けのベンチャーキャピタル業務を行う株式会社東京大学エッジキャピタル，東京大学協創プラットフォーム開発株式会社が存在する。本節では，これらの役割について概説する。

4.1　株式会社東京大学TLO

　株式会社東京大学TLO（以下，東大TLO）は，東京大学の研究者の研究成果を権利化し，産業界への移転を担う組織であり，「産」と「学」の橋渡しの役割を果たすとともに，大学の研究成果からイノベーションを生み出すプロデューサーの役割を担っている。

　1998年には，大学研究成果の移転を活性化するため，大学等における技術に関する研究成果の民間事業者への移転を促進する法律（通称：大学等技術移転促進法）が成立した。この法律の下，東大TLOは，株式会社東北テクノアーチ，関西ティー・エル・オー株式会社（現：株式会社TLO京都），日本大学産官学連携知財センター（NUBIC）とともに，日本で最初のTLO（Technology Licensing Organizationの略称）として設立された。

　東大TLOの代表取締役社長である山本貴史氏は，スタンフォード大学のTLOであるOffice of Technology Licensing（OTL）を立ち上げ「技術移転の父」と呼ばれたニルス・ライマース氏に弟子入りし，スタンフォード大学式の

技術移転の手法を学んだ（渡部・隅藏，2002）。当時，一般的であった企業の方からの問い合わせを事務所で待つ方法ではなく，産業界に技術を自ら売り込む「マーケティングモデル」を体得し，東大TLOへ導入した。また，ライマース氏のマーケティングモデルの伝道師として，日本全国の大学にノウハウや経験を提供するとともに，若手人材の育成など，「日本の技術移転の父」として日本の産学連携を牽引している（坂井，2017）。

　東京大学では，研究者から毎年約500件に及ぶ発明の届出があり，東大TLOでは，それらの発明を特許性・市場性の観点から評価したうえで権利化し，産業界への技術移転を行っている。**図表1－3**，**図表1－4**のように，東大TLOは1998年の設立以来，東京大学へ93億円を超える技術移転収入と4800件の契約件数をもたらしている。これは言うまでもなく，日本の大学において群を抜く実績である。

図表1－3　**東大TLOにおける技術移転収入金の推移**

※東京大学および東京大学TLOにおける技術移転収入金の合計であり，東京大学TLOの売上高とは異なる。
※その他には，コンサルやMTA（研究材料提供契約）等を含む。
（出所）東大TLO資料より作成。

28

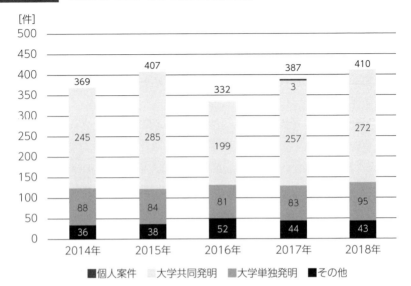

図表1－4 東京大学TLOにおける契約件数の推移

※その他には，コンサルやMTA（研究材料提供契約）等を含む。

（出所）東大TLO資料より作成。

　山本氏は，東京大学発ベンチャー創出に関して，「TLOアソシエイト（技術移転実務者）は大学研究室に頻繁に通い，大学研究者と密接にコミュニケーションを取りながら，新しい発明を発掘すると同時に，大学発ベンチャーの起業後は，その企業と一緒に，ユーザー企業を開拓するなどのフットワークの軽さが重要である」と述べている。また，「大学発ベンチャーの特性を理解し，時には，大学発ベンチャー内部のチームビルディングにも関与することが重要」，「TLOは常に大学研究者の立場に立ち，大学研究者のエージェントとして，その発明を世に出すことにフォーカスして行動すべきだ」とも述べている。今後の取り組みとして，GAPファンド（研究成果の実用化を検証するための試作品の作製，研究成果の実用性を確認するための追加実験やデータ取得を行う概念実証のために大学研究者に提供される資金）の組成による東京大学発ベンチャーのさらなる創出を目指している。

　このような山本氏のフィロソフィを東大TLO内部で深化させ，GAPファンドの取り組みが軌道に乗れば，東京大学からさらに多くの発明が生まれ，より

多くの有望な東京大学発ベンチャーが創出されていくであろう。

4.2　株式会社東京大学エッジキャピタル

　株式会社東京大学エッジキャピタル（以下，UTEC）は，東京大学が承認する「技術移転関連事業者」であり，ベンチャー企業を通じた大学の知の社会還元に向けて，優れた知的財産・人材を活用するベンチャー企業に対して投資を行うベンチャーキャピタルである。2004年創業以降，東京大学を始めとする大学発ベンチャーのシード・アーリーステージの投資育成を行っている。**図表1－5**のように，これまでに4本の投資事業有限責任組合を設立し，累計で約540億円のファンドを運営している。2019年12月時点で投資先企業数は100社を超えている。UTEC4号投資事業有限責任組合には，リミテッド・パートナー（LP）として後述の東京大学協創プラットフォーム開発株式会社が入っているが，その他のファンドはすべてUTECが大学以外の外部の投資家から集めた資金である。代表取締役社長・マネージングパートナーの郷治友孝氏は，「UTECは，東京大学から承認を得たベンチャーキャピタルであり，東京大学と密接な関係を持っているが，東京大学の子会社ではないため，独立系ベンチャーキャピタルであると考えている」と述べている。

図表1－5　UTECの運営する投資事業有限責任組合（ベンチャーキャピタルファンド）

ユーテック一号エグジット投資事業有限責任組合		UTEC2号投資事業有限責任組合	
設立	2004年7月1日	設立	2009年7月31日
無限責任組合員（GP）	UTEC	無限責任組合員（GP）	UTEC，UTEC Venture Partners株式会社
規模	約83億円	規模	約71.5億円
投資先	34件（上場9件，M&A等8件）	投資先	13件（保有中7件，M&A等2件）
UTEC3号投資事業有限責任組合		UTEC4号投資事業有限責任組合	
設立	2013年10月15日	設立	2018年1月17日
無限責任組合員（GP）	UTEC，UTEC 3 Partners有限責任事業組合	無限責任組合員（GP）	UTEC，UTEC Partners有限責任事業組合
規模	約145.7億円	規模	約243.1億円
投資先	31件（保有中24件，上場1件，M&A等1件）	投資先	29件（保有中28件，上場1件）

（出所）UTECのHP〈https://www.ut-ec.co.jp/〉より作成。

4.2.1　UTECの投資戦略と主な実績

　UTECの投資戦略は，「優れたScience／Technology」，「強力なチーム」，「グローバルな市場や課題」の3つであり，「優れたScience／Technology」では，東京大学に加え，全国の大学，研究機関，企業，政府と連携し，インパクトのある技術をソーシングすること，必要に応じて組織を超えてテクノロジーをロールアップすることが掲げられている。「強力なチーム」では，テクノロジーを活かした事業を強力に推進できるプロフェッショナルマネジメントを重視し，製品開発・オペレーション・管理面においても強力なチームを構築することとしている。「グローバルな市場や課題」では，設立当初からグローバルな市場を視野に置き，全人類的な課題の解決を志向している。これらの3つの戦略が，UTECを貫く基軸となっており，投資先企業であるペプチドリーム株式会社（2013年東証マザーズ上場，2015年東証一部上場）や株式会社モルフォ（2011年東証マザーズ上場）などへの投資決定の際にも貫かれている。以下は，UTECの主な実績である（**図表1－6**）。

図表1－6　**UTECの主な実績（イグジット企業）**

■Life Science & Healthcare			
1	ペプチドリーム株式会社	2	ラクオリア創薬株式会社
3	テラ株式会社	4	ナノキャリア株式会社
5	株式会社日本医療データセンター	6	株式会社ジーエヌアイ
7	MediciNova,Inc.	－	
■IT			
1	株式会社メディア・イノベーション	2	株式会社MUJIN
3	Popln株式会社	4	株式会社フィジオス
5	プロメテック・ソフトウェア株式会社	6	ライフネット生命保険株式会社
7	株式会社ネイキッドテクノロジー	8	株式会社モルフォ
9	株式会社リシウステクノロジーズ	－	
■Physical Science & Engineering			
1	セブン・ドリーマーズ・ラボラトリーズ株式会社	2	GLM株式会社

（出所）UTECのHP〈https://www.ut-ec.co.jp/〉より作成。

4.2.2　投資先企業への支援プログラム

　UTECの大学発ベンチャーへの支援は，投資前と投資後に大別できる（**図表1-7**）。投資前は，起業の決断（企業理念や事業概略），プルーフ・オブ・コンセプト（国の補助金やUTEC資金による試作品開発と市場選択），ビジネスプランの構築（競争優位性・事業計画・資本政策），チームビルディング（適切なチームの構築，リーダーシップ），法人設立・資金調達（起業に必要な資金源，企業の所有権）などの支援が行われる。投資後は，出口戦略の共有（IPO・M＆Aの時期の共有），チームビルディング（適切な経営人材や専門人材の派遣），法務サポート（知的財産や紛争解決）などが行われる。特にUTECはチームビルディングに力を入れており，大学発ベンチャーへの経営人材や専門人材の派遣に関して，投資先企業への適切なサポートを円滑に実施する体制構築を検討している。

図表1-7　UTECの投資先企業への支援プログラム

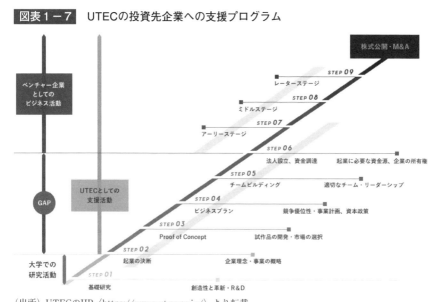

（出所）UTECのHP〈https://www.ut-ec.co.jp/〉より転載。

4.2.3　UTECの新たなチャレンジ

　UTECでは，大学発ベンチャー支援の枠組みに留まらず，種々の新たなチャレンジが実施され始めている。前述の投資先企業への人材紹介の他に，リミ

テッド・パートナー（LP）投資をスタートさせている。LP投資先は、東京大学松尾豊研究室の関係者により構成するAI技術に特化したファンドであるDeep30投資事業有限責任組合である。UTEC代表取締役社長・マネージングパートナーの郷治氏は、「このLP投資に当たって、深層学習などのAI技術はハードウエアとの連携が重要となってきており、既存のインターネット事業よりもリスクを取った初期投資が必要となっている。このため、深層学習などのAI技術の実現可能性を見極められる投資主体の必要性を感じた」とLP投資を始めた理由を述べている。

　また、海外のベンチャー企業への投資も積極的にスタートさせている。これまでは、アメリカが中心であったが、最近はインドやシンガポールに注目しており、インドでは、インドのテクノロジーベンチャーに投資をしているベンチャーキャピタル「ブルームベンチャーズ」にLP投資を行い、同社を通じて、インドのベンチャー企業に投資を行っている。これまでにAI技術で心電図を測定するインドのベンチャー企業と東京大学病院のマッチング、抗生物質の耐性菌に効く薬を開発するベンチャー企業と東京工業大学研究者のマッチングなど、ベンチャーキャピタルとしての投資や回収だけではない、日本の大学の研究成果の新たな活かし方を模索している。

　UTECのユニークな取り組みとしては、**図表１－８**のように、大学へのスポンサーシップを2017年度からスタートさせていることである。東京大学の10部局に対して18プロジェクトのスポンサーシップを開始している。一見、大学発ベンチャーの創出に直接関係がないと思われる部局であっても、文系・理系を問わず、特に若手研究者や学生に対して、研究費の補助などのサポートを行っている。また、東京大学の運動部への用具備品（水泳部のスタート台、硬式野球部のアームマシン、女子サッカー部のゴールなど）の購入を支援するなど、大学全体への支援は広がりを見せている。これらの取り組みは、UTECのベンチャーキャピタル事業の成果を基に、大学へのサポートを強化しようするものであり、UTECの企業理念「Science／Technologyを軸に、資本・人材・英知を還流させ、世界・人類の課題を解決するためのフロンティアを開拓する」に基づいた志の高い取り組みであり、特筆すべきものである。

図表1－8　UTECの東京大学へのスポンサーシップ

東京大学大学院 法学政治学研究科	東京大学大学院 医学系研究科	東京大学 医学部付属病院
法・政治分野における先端融合の活用と分野融合研究 ・先端融合分野研究支援センターにおける文理融合プロジェクトで採用した理科系助教の研究活動費支援	ライフイノベーション・リーディングプログラム ・グローバルな先端医療開発システムの構築に向けて医・工・薬・理学系が協働し、部局横断型学位プログラム（GPLLI）を立ち上げ、国際的リーダー候補人材を育成 ・GPLLIとその後継プログラムの活動支援	学術研究助成トランスレーショナル・リサーチ・イニシアティブ（TR機構） ・東京大学の医療関連領域の研究成果を実用化へと導き医療全般への貢献を促進するための活動支援
東京大学大学院　工学系研究科	東京大学大学院　工学系研究科	東京大学大学院　工学系研究科
リーダー博士人材育成基金 ・最先端研究をリードする研究者育成とイノベーション創出を目指した本格的な産学官連携（国際連携、コンソーシアム研究創出等を含む）の推進を行い、わが国の研究開発基盤の強化 ・H28年度は6名に奨学金と研究費を付与	自分で守る健康社会COI拠点：医療技術評価実験室関連寄附金 ・産官学民の全てのステークホルダーが研究開発初期から対等に参加するオープンイノベーションプラットフォームの形成促進 ・活動拠点である分子ライフイノベーション棟における模擬手術室の運営支援	DeepLearning人材育成基金 ・AI、ウェブ、ビジネスモデルの研究を軸に、本格研究から社会実装まで一気通貫で行う松尾研究室の活動を支援 ブロックチェーン・イノベーション寄附講座 ・FinTech集中講義及びブロックチェーン技術の改良・実証実験を支援
東京大学大学院　工学系研究科	東京大学大学院　理学系研究科	東京大学大学院　農学生命科学系研究科
社会構想マネジメントを先導するグローバルリーダー養成プログラム（GSDM）の人材育成および研究基盤強化 ・グローバル社会を牽引するトップリーダーを養成する文理統合型の学位プログラム ・システム等コア機能の整備を支援	理学若手未来基金 ・若手研究者の海外連携等支援	農学創発基金（若手研究者支援事業） ・外部資金や学内予算で手当てしにくい大学院生の海外短期留学や大学院生 ・若手教員等の分野横断的共同研究を支援し、若手研究者の視野を広げるとともに、農学分野の新たな展開を推進することを目的として運用
東京大学大学院　経済学研究科	東京大学大学院　薬学系研究科	東京大学大学院　新領域創成科学研究科
金融教育研究センター助成金 ・金融教育研究センター（CARF）における、Fintechが経済社会に及ぼす影響や新たに必要になる経済制度（規制など）の研究活動支援 ・CARFにおいて投資先企業の登壇等の連携を推進	薬学若手研究支援 ・科研費では手当てできない若手研究者の研究室立上げなど、大学院学生、若手教員のための教育及び研究推進を支援 ・GPLLIにおいて講師やメンターの派遣	新領域創成科学研究科助成金（河野重行東京大学名誉教授） ・クロレラによる複数色のカロテノイドと長鎖不飽和脂肪酸の大量生産プロジェクト ・文科省/JST START事業でのUTEC支援先である河野教授退官後の研究室機能維持を支援
東京大学大学院　新領域創成科学研究科	東京大学大学院　情報理工学系研究科	東京大学　医科学研究所
新領域創成科学研究科教育振興基金 ・若手研究者の研究室立上げなど、大学院学生、若手教員のための教育及び研究活動を支援	情報理工学系研究基盤整備プロジェクト ・研究基盤整備（ネットワーク、クラウド等）や大学院生学費支援等 ・リサーチアシスタントの採用	若手研究者育成プロジェクト ・若手研究者の研究室立上げなど、大学院学生、若手教員のための教育及び研究活動助成金
東京大学　生産技術研究所/先端科学技術研究センター	東京大学　本部・研究推進部	東京大学　本部・学生支援部
駒場リサーチキャンパス・若手海外自由展開・研鑽支援プログラム ・駒場リサーチキャンパスにおいて研究される全分野の若手研究者を対象。海外研究機関における研究者との出会いの機会を持つなど、幅広く自らの能力・可能性を自由に開拓すべく、滞在費・渡航費等の経済的支援	東京大学卓越研究員支援 ・東京大学が独自に選抜する「卓越研究員」に対して、海外派遣等の活動経費を支援	スポーツ振興基金　運動部器具備品基金 ・通常の学内予算で手当てできていない各運動部の用具備品の購入を支援 ・50近いほぼ全ての運動部のニーズに対応（水泳部のスタート台、硬式野球部のアームマシン、女子サッカー部のゴール等）

（出所）UTECのHP〈https://www.ut-ec.co.jp/〉より作成。

4.3　東京大学協創プラットフォーム開発株式会社

　東京大学協創プラットフォーム開発株式会社（以下，東大IPC）は，産業競争力強化法に基づき，東京大学が特定研究成果活用支援事業者として文部科学大臣・経済産業大臣から認可されるに伴って設立された，東京大学100％出資の投資事業会社である。1号ファンドである協創プラットフォーム開発1号投資事業有限責任組合（以下，IPC1号ファンド）は，シード・アーリーステージの東京大学関連ベンチャーをハンズオンで支援するベンチャーキャピタルへのリミテッド・パートナー（LP）投資（ファンドオブファンド）と，ミドルステージ以降の東京大学関連ベンチャーへの直接投資を行っている。東大IPCは，官民ファンドの1つとして，東京大学の子会社として設立されており，民間との連携を図りながら東京大学周辺でのイノベーションエコシステムのさらなる発展を目指し，東京大学周辺に集まる資金を最大化していくべくファンドを通じた投資活動を行っている（**図表1－9**）。

　東京大学発ベンチャーを創出するうえで，対象となる技術は，東京大学の研究成果から生まれたもの，東京大学と外部（大企業，中小企業，ベンチャー企業）との共同研究から生まれたもの，企業の中に埋もれている技術と東京大学の技術を組み合わせてできたものの，大きく分けて3つのカテゴリーがある。

　東大IPCのメンバーは10名（2019年5月現在）である。大学研究者と研究内容

図表1－9　東大IPCのインベスターパートナー

株式会社
東京大学エッジキャピタル

Beyond Next Ventures
株式会社

グローバル・ブレイン
株式会社

レミジェス・ベンチャーズ

360ipジャパン株式会社

株式会社ファストトラック
イニシアティブ

（出所）東大IPCのHP〈https://www.utokyo-ipc.co.jp/〉より作成。

に関するディスカッションができることが重要と考えているため，サイエンスとテクノロジーが理解できる者を採用している。投資先企業については，IPC1号ファンドは，ベンチャーキャピタルへの間接投資型とベンチャー企業への直接投資型があるが，現在はベンチャー企業への直接投資に注力しているところである。民間ベンチャーキャピタルで資金が充足される場合は，当該ベンチャーキャピタルに任せるスタンスを取っている一方，民間ベンチャーキャピタルが投資できない案件は精緻に再評価して投資を行ったり，資金量的に民間ベンチャーキャピタルでは足りない部分に投資を行うといった場合もある。**図表1−10**は，東大IPCの投資先企業を示している。例えば，株式会社クリュートメディカルシステムズやタグシクス・バイオ株式会社は，UTECと協調投資を行っている案件である。UTECがシード・アーリーステージの投資を行い，その後のミドルステージで東大IPCから投資を行い，エコシステムとしてベンチャー企業への長期継続投資を実現している案件である。

　東大IPCとして，投資活動を補完する取り組みとして，東大IPC1stRoundというコンソーシアム型の起業支援プログラムがある。このプログラムの目的は，ベンチャーキャピタルなどから出資を受ける前のプレシードステージにあるベンチャー企業や，これから起業しようとするグループの中で有望なものに対し

図表1−10　東大IPCの投資先企業

株式会社クリュート
メディカルシステムズ

株式会社Xenoma

アキュルナ株式会社

タグシクス・バイオ
株式会社

株式会社ブレイゾン・
セラピューティクス

TELEXISTENCE inc.

株式会社QDレーザ

Synspective Inc.

株式会社
アクセルスペース

Astroscale Holdings Inc.

株式会社モダリス

コネクテッドロボティクス
株式会社

ウェルスナビ株式会社

（出所）東大IPCのHP〈https://www.utokyo-ipc.co.jp/〉より作成。

て短期集中的に支援し，東京大学関連ベンチャーの裾野を拡大しようとするものである。採択支援先に対しては，6カ月間のハンズオン支援の提供，最大1000万円の活動資金の提供，各パートナー企業との協業支援，起業家・投資家からの経営アドバイスの提供を行っている。この東大IPC1stRoundでは，過去2年間で10社の支援を行い，うち9社はベンチャーキャピタルからの資金調達を既に成功させ，1社は大型助成金を獲得し，本格的な事業活動を開始している。

5 | おわりに

本章で紹介した東京大学の取り組みから，日本の大学発ベンチャーエコシステムの構築に当たってのインプリケーションについて，本節では3点を指摘する。

5.1　ベンチャー企業の起業成功者が次世代ベンチャー企業の起業家を育成

第1に，東京大学を中心としたベンチャーエコシステムは，次代のベンチャー企業創出に向けた良い循環が回り始めている点である。

東京大学では前述のペプチドリーム社，モルフォ社，ユーグレナ社，PKSHA Technology社の他にも，株式会社Preferred Networks，株式会社ネイキッドテクノロジー，株式会社ミクシィ，株式会社アクセルスペース，株式会社SCHAFTなど，数えきれない程の有望なベンチャー企業が生まれている。なかには，IPOやM&Aに成功しているベンチャー企業も多数ある。ユーグレナ社の出雲社長は，「金融機関などと共同でベンチャーキャピタルを設立し，成功したベンチャー企業の創業者がその利益の一部を次世代のベンチャー企業育成に使用するなどの循環が始まろうとしている。」と述べている。こうした動きが，東京大学の学生たちのベンチャー企業に対する見方を変え，東京大学のベンチャーエコシステムがうまく回り始めつつある要因であることが推察できる。日本の他の大学においても，東京大学のように，大学を中心としたベンチャーエコシステムの構築により，多くの起業家が生まれ，その起業家達の中から次のベンチャー企業を育成する仕組みが作られていくことが望まれる。

5.2　プロフェッショナル人材による持続的なベンチャー支援体制の構築

　第2に，東京大学アントレプレナー道場を主催した各務教授，東大TLOの山本社長，UTECの郷治社長らは，東京大学を中心としたベンチャーエコシステムの構築に関して，各人の専門性を活かして，陽の当たる活動だけではない地道な活動を継続している点である。

　東京大学アントレプレナー道場では，2005年からスタートし，各務教授自らが教壇に立って学生を直接指導している。これまでに3000名以上の学生が受講し，100名以上の卒業生が起業した。東大TLOでは，山本社長が元スタンフォード大学技術移転機関（OTL）所長ニルス・ライマース氏直伝のノウハウを社員に伝授しながら，自らも日々大学研究室を訪問し，大学研究者と密接にコミュニケーションを取りながら，新しい発明の発掘を行っている。また，新しい発明の企業への紹介や，大学発ベンチャーと一体となったユーザー企業への売り込みを行っている。UTECでは，郷治社長らが起業家と一体となって，企業理念や事業戦略の立案，チームビルディングなどハンズオンでの支援を行っている。それらの支援実績は，投資先企業数として100社を超える。

　ここで注目すべき点は，それぞれのプロフェッショナル人材が，情熱と執念をもって，愚直に地道に与えられたミッションを遂行していることである。東京大学を中心としたベンチャーエコシステムが構築されたのは，東京大学が優秀な人材が集まりやすいからでも，大規模大学であるからでもない。プロフェッショナル人材が目先の利益を優先せず，長期的な視野に立って，各組織にノウハウを蓄積していくことが，東京大学のベンチャーエコシステムの好循環に大きく寄与していることが示唆される。

5.3　長期的な視野による産官学連携の重要性

　第3に，地方大学においても東京大学から得られる学びは多い点である。

　前述のように，大学の規模や優秀な人材が集まりやすいといった大学の属性による理由だけで，東京大学発ベンチャーの育成が成功しているとは言い難い。地方大学は，この現実を直視し，大学の産官学連携の改革を進めるべきである。産官学連携に関わるプロフェッショナル人材，または将来プロフェッショナル

人材となり得る人材を採用，育成，登用し，長期的な視野で，アントレプレナー教育，技術移転，ベンチャー育成を行うべきである。TLOなどの技術移転機関では，在籍年数が長い程，大きな成果を生みだす可能性が高いという研究結果があることからもわかるように，長期的なプロフェッショナル人材の育成と大学の産官学連携改革が重要である。スタンフォード大学の技術移転機関は設立後40数年経っているが，収支の安定には18年かかったと言われている。マサチューセッツ工科大学の技術移転機関では15年とも言われている。日本の地方大学は，長期的な視野で，東京大学の取り組みを真摯に学び，自らの大学の特色に応じてアレンジしたうえで，大学を中心としたベンチャーエコシステムを構築することが肝要である。

◆　謝　　辞

　インタビューに快くご協力いただいた，山本貴史氏（株式会社東京大学TLO代表取締役社長，2018年11月8日実施），郷治友孝氏（株式会社東京大学エッジキャピタル代表取締役社長，2018年11月8日実施），河原三紀郎氏（東京大学協創プラットフォーム開発株式会社事業開発第一部部長，2018年8月22日実施）に心より感謝申し上げる。

◆　参考文献

株式会社価値総合研究所（2019），『平成30年度産業技術調査事業（大学発ベンチャー実態等調査）報告書』2月。

坂井貴行（2017），「産学連携によるイノベーション創出」『やさしい経済学』日本経済新聞。

渡部俊也，隅藏康一（2002），『TLOとライセンスアソシエイト－新産業創生のキーマンたち』株式会社ビーケイシー。

WEBの情報は，原稿執筆時の情報に依拠している。

第2章 京都大学

産学連携のバリューチェーンによる
イノベーション創出

―新たな産官学連携の仕組み「京大モデル」の創設―

1 はじめに

　京都大学は，1897年創設以来，自由の学風を建学の精神とし，今もなお，京都大学の基本理念として研究や教育に受け継がれている。2018年には本庶佑特別教授がノーベル生理学・医学賞を，2012年には山中伸弥教授が同じくノーベル生理学・医学賞を受賞するなど，京都大学に縁のあるノーベル賞受賞者は10名にも及ぶ。自主性・自発性を重んじる研究・教育スタイルは多くの独創的な研究を生み出し，京都大学の研究者や卒業生は，ノーベル賞以外にも，数学のノーベル賞と称されるフィールズ賞，数学の応用に対して優れた研究者に贈られるガウス賞，アメリカ医学会で最高の賞とも言われるラスカー賞を受賞するなど，数々の国際的な賞を受賞している。

　日本屈指の研究大学である京都大学は，2017年6月に文部科学大臣より，東京大学，東北大学と並んで指定国立大学に指定された。京都大学の指定国立大学法人構想の中には，独創的な最先端の研究やこれまで蓄積されてきた知を総動員することにより，世界に広がる社会課題についての研究を展開し，イノベーションを牽引することや，大学独自の収益事業によりコーポレート・ガバナンスを強化し，社会的価値創出の最大化を図り，大学の研究成果・知的財産の活動を促進することが掲げられている。

　このような背景の中，社会とのインターフェース機能の強化と産官学連携活動の促進を目的に，京都大学は2018年6月，指定国立大学法人にのみ出資が認められているコンサルティング事業，研修・講習事業等を実施する京大オリジナル株式会社を設立した。既に京都大学の出資を受けて運営している京都大学イノベーションキャピタル株式会社と株式会社TLO京都の三者を有機的に連携させ，京都大学の研究成果・知的財産の活用促進に向けた新しい産官学連携の仕組みである「京大モデル」の構築に着手した。京都大学は，この「京大モデル」を構築，加速させ，これまで蓄積してきた知を総動員することにより，社会問題や企業の経営課題に対して新たな価値を創造して社会に貢献していく新しい産官学連携をスタートさせようとしている。

　本章では，新しい産官学連携の仕組みである「京大モデル」を構想し，大学

を中心としたエコシステムを構築しようとしている京都大学に着目し，第2節では，京都大学発ベンチャーの現状と，代表的な京都大学発ベンチャーについて紹介する。第3節では，新しい産官学連携の仕組みである「京大モデル」の構想について概説し，第4節では，「京大モデル」を推進するための実行部隊である京大オリジナル株式会社，京都大学イノベーションキャピタル株式会社，株式会社TLO京都の役割を紹介する。最後に，第5節ではベンチャーエコシステムの構築に当たってのインプリケーションを産官学連携の観点から総括する。

2 ｜ 京都大学発のベンチャーの状況

2.1　京都大学発ベンチャーの現状

　京都大学発ベンチャーの現状について，「経済産業省平成30年度産業技術調査事業（大学発ベンチャー実態等調査）」に基づき，大学発ベンチャー企業数，大学発ベンチャー企業の増加数，上場している大学発ベンチャー企業数の3つの視点から概観する。

　京都大学の大学発ベンチャー設立数は，**図表序－7**に示すとおり，2016年度から2018年度までの3年間で，421社（全国第2位）である。第1位の東京大学とはかなりの差があるものの，第3位の筑波大学や第4位の大阪大学とは120社以上多い実績を持ち，京都大学は全国でも上位にある。

　京都大学の大学発ベンチャー企業の増加数（2016年度から2018年度）は，**図表2－1**に示すとおり61社である。東京大学（44社）は第2位，第3位は筑波大学（31社），第4位は東北大学（28社）と続いている。

　また，大学別の上場している大学発ベンチャー企業数に関しては，**図表1－1**に示すとおり，京都大学は1社（全国第5位タイ）となっており，東京大学10社（全国第1位）から大きく引き離されている。全国第2位タイは，2社の慶應義塾大学，大阪大学，東京女子医科大学であり，1社には京都大学を含めて10大学が続いている。

　これらの大学発ベンチャーに関するデータから，京都大学発ベンチャーの上

42

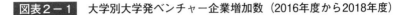

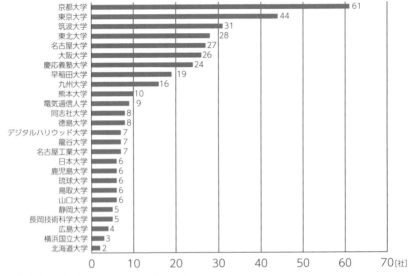

図表２－１　大学別大学発ベンチャー企業増加数（2016年度から2018年度）

京都大学 61
東京大学 44
筑波大学 31
東北大学 28
名古屋大学 27
大阪大学 26
慶応義塾大学 24
早稲田大学 19
九州大学 16
熊本大学 10
電気通信大学 9
同志社大学 8
徳島大学 8
デジタルハリウッド大学 7
龍谷大学 7
名古屋工業大学 7
日本大学 6
鹿児島大学 6
琉球大学 6
鳥取大学 6
山口大学 6
静岡大学 5
長岡技術科学大学 5
広島大学 4
横浜国立大学 3
北海道大学 2

（出所）株式会社価値総合研究所（2019）より作成。

　場数は未だ少ないものの，京都大学発ベンチャー企業数は東京大学に次ぐ多さであり，わが国の大学発ベンチャー創出において大きな役割を占めていると言える。また，京都大学発ベンチャー企業の増加数（2016年度から2018年度）では，東京大学を抜いて全国第１位であることから，京都大学の大学発ベンチャー支援体制の構築や支援施策が実を結びつつあることがうかがえる。

2.2　代表的な京都大学発ベンチャー

2.2.1　株式会社リプロセル

　株式会社リプロセルは，京都大学の中辻憲夫名誉教授（元・再生医科学研究所・所長）と東京大学医科学研究所の中内啓光教授の研究成果を基に，2003年に設立された京都大学発・東京大学発のベンチャー企業である。世界で初めてヒトiPS細胞を用いた創薬支援事業を開始するなど，ES細胞・iPS細胞ビジネスの先駆的な企業として注目を浴びている。2013年には大阪証券取引所JASDAQグロースに上場を果たし，2017年にiPS細胞技術を活用した再生医療

分野に進出している。

2.2.2　株式会社メガカリオン

　株式会社メガカリオンは，京都大学iPS細胞研究所・副所長の江藤浩之教授と東京大学医科学研究所の中内啓光教授の研究成果を基に，2011年に設立された京都大学発・東京大学発のベンチャー企業である。2017年には，株式会社大塚製薬工場などと企業コンソーシアムを形成し，臨床試験に用いるためのヒトiPS細胞由来血小板製剤の製法確立に成功した。2020年を目途に，医療現場での応用に向けて量産体制の構築を目指している。

3 ┃ 新しい産官学連携の仕組み「京大モデル」

　なぜ，京都大学では，大学発ベンチャーが急激に増加しているのか。その鍵を握るのは，京都大学が産官学連携の新たな仕組みとして推進している「京大モデル」である。この京大モデルは，これまで大学の産官学連携組織にありがちな部分最適化ではなく，産官学連携本部を中心として産官学連携に係わる組織全体の全体最適化を志向し，産学連携業務全体のバリューチェーンを構築することで好循環を生み出そうとする試みである。

　京大モデル構想は，京都大学が文部科学省に提出した京都大学指定国立大学法人構想の1つとして推進するものである（図表2-2）。指定国立大学法人とは，わが国の大学における教育研究水準の著しい向上とイノベーション創出を図るため，文部科学大臣が世界最高水準の教育研究活動の展開が相当程度見込まれる国立大学法人を指定したものである。京都大学の指定国立大学法人構想は，「柔軟かつダイナミックな体制による知の創造」，「高度で多様な頭脳循環の形成」，「新たな社会貢献を目指して」の3つの柱を中心に据えたものであり，産官学連携の新たな仕組み「京大モデル」の構築は，「新たな社会貢献を目指して」に基づく。

　京大モデルを担う組織として，法務・知財戦略・コンプライアンス，およびグループ全体のマネジメントや企画・戦略立案を行う産官学連携本部，競争領域の共同研究を集中的にマネジメントするオープンイノベーション機構がある。

図表２−２ 京都大学の指定国立大学法人構想概要

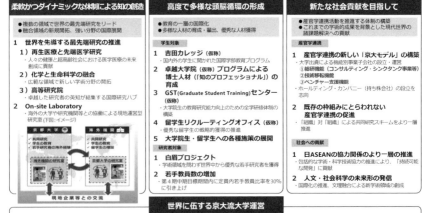

（出所）京都大学のHP〈http://www.kyoto-u.ac.jp/ja/〉より転載。

　また，実務・実行機能として，３つのグループ会社，すなわち株式会社TLO京都，京大オリジナル株式会社，京都大学イノベーションキャピタル株式会社がある（**図表２−３**）。

　株式会社TLO京都は，京都大学が68％の株式を保有し，知的財産の戦略的管理や特許等のライセンシングを担当する。京大オリジナル株式会社は，京都大学が100％の株式を保有し，コンサルティング事業や研修・講習事業を担当する。京都大学イノベーションキャピタル株式会社は，京都大学が100％の株式を保有し，ベンチャーインキュベーションと京都大学発ベンチャーへの投資を担当する。その他の連携組織として，iPSアカデミアジャパン株式会社，日本ベンチャーキャピタル株式会社，みやこキャピタル株式会社がある。

　前述のとおり，京都大学発ベンチャー企業の増加数（2016年度から2018年度）は，東京大学を抜いて全国第１位となっている。京都大学が推進する産官学連

図表2-3　京都大学の産官学連携の新たな仕組み「京大モデル」

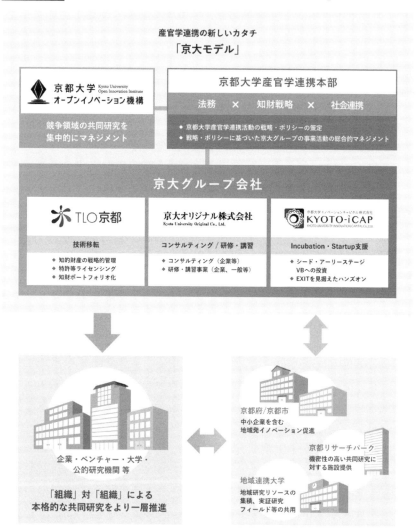

（出所）京都大学オープンイノベーション機構のHP〈https://www.oi.kyoto-u.ac.jp/〉より転載。

携の新たな仕組み「京大モデル」構想が徐々に機能し始め，その成果として，京都大学発ベンチャーの増加に繋がっていることが考えられる。

　次節では，京大モデルの実務・実行機能である3つのグループ会社を概説する。

4 | 「京大モデル」を推進する３つのグループ会社

4.1 株式会社TLO京都

　株式会社TLO京都（2019年10月に関西ティー・エル・オー株式会社から社名変更，以下，TLO京都）は，京都大学の研究者の研究成果を権利化し，それを産業界へ移転する組織であり，京都大学から生まれる知的財産を産業界に橋渡しする役割を担っている。具体的な業務は，知的財産の戦略的管理，特許等のライセンシング，知財ポートフォリオ化である。

　1998年，大学の研究成果の移転を活性化するため，大学等における技術に関する研究成果の民間事業者への移転を促進する法律（通称：大学等技術移転促進法）が成立した。TLO京都は，株式会社東北テクノアーチ，株式会社東京大学TLO，日本大学産官学連携知財センター（NUBIC）とともに，日本で最初のTLO（Technology　Licensing Organizationの略称）として設立された。

　TLO京都は，設立以降，関西圏の複数大学の研究成果を権利化し，それを産業界へ技術移転する業務を行っていたが，大学を取り巻く外部環境の変化により，2006年頃から京都大学の研究成果を中心に業務を行うようになった。2016年には京都大学がTLO京都の発行株式数の68.2％を取得し，京都大学の子会社となった。その他の株主構成は，学校法人立命館（25.0％），和歌山大学（4.0％），大阪中小企業投資育成株式会社（2.0％），その他個人となっている。

　TLO京都は，京大事業部門と広域事業部門の２部門から構成されている。京大事業部門では，京都大学のグループ会社として，京大オリジナル株式会社や京都大学イノベーションキャピタル株式会社と連携を取りながら，発明発掘，権利化，知財管理，ランセンシングのワンストップサービスを実現し，産業界のニーズに即した技術情報（特許等）の開示を行っている。広域事業部門では，九州大学，和歌山大学，立命館大学，京都府立医科大学，名古屋工業大学，大阪府立大学，北九州市立大学，福岡大学と連携して，各大学の要望に応じて知的財産マネジメントに関する業務を請け負っている。将来は，連携大学の拡大を目指し，情報の交易点の役割として，日本全体の産学連携の底上げを目指し

図表２−４　TLO京都の技術移転収入の推移

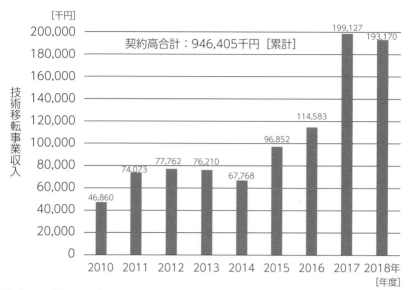

（出所）TLO京都のHP〈https://www.tlo-kyoto.co.jp/〉より作成。

ている。

　図表２−４に示すように，TLO京都は1998年設立以来，約9.5億円の技術移転収入を得ている。東京大学よりも少ない額ではあるが，設立以降しばらくの経営等に関する紆余曲折や，2015年度頃からの技術移転収入の伸びを鑑みれば，日本を代表する実績を上げている技術移転機関と言える。

4.2　京大オリジナル株式会社

　京大オリジナル株式会社（以下，京大オリジナル）は，京都大学の指定国立大学法人の指定に伴い設立された，コンサルティング事業や研修・講習事業などを行う京都大学のグループ会社である。国立大学法人は，指定国立大学法人に指定されると，特例として研究成果の活用促進のための出資対象範囲が拡大され，コンサルティング会社などへの出資が可能になる。この特例を活かして設立されたのが同社である。

　京大オリジナルは，権利化されない研究や，人文・社会科学系の研究を含め，

京都大学約3000名の研究者が有する知（ナレッジ）を産業界や社会に繋ぐことを目指し，研究者と産業界の間に立って，プロデューサー，コミュニケーター，コーディネーターなどの仲介者の役割を担う。主にコンサルティングサービスと研修・講習サービスの2つの事業を行っている。

　コンサルティングサービスでは，企業の課題と京都大学の研究を結び付ける活動を実施している。具体的には，企業の技術ニーズと京都大学研究者の技術シーズをマッチングし，共同研究に繋げる「個別技術マッチング」，企業メンバーと複数の京都大学研究者の技術課題に関する議論の場の提供や共同研究テーマの探索を行う「プロジェクト構築」，企業メンバーと複数の京都大学研究者による中長期的な社会課題の探索を行う「課題探索・解決」，企業と京都大学のコンソーシアムの構築や運営サービスを提供する「研究コンソーシアム」，企業と大学の出会いの場を提供する「マッチングイベント」などを行っている。特に，「課題探索・解決」は，これまで連携や融合があまり行われることがなかった理工系・人文社会系の研究者が，分野や専門領域を超えて一堂に集い，それぞれの専門知識を活かして，多角的視点で社会の課題や新たな価

図表2−5　京大オリジナルのコンサルティングサービス「課題探索・解決」

事業戦略（リベラルアーツをベースに）

リベラルアーツを中心に、企業のビジネス課題について議論、方向性を導出する。

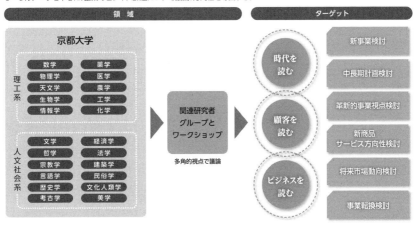

（出所）京大オリジナル株式会社HP〈https://www.kyodai-original.co.jp/〉より転載。

値創造を行う新たな試みである（**図表2－5**）。このような分野横断的な産官学連携の取り組みは，京都大学の基本理念である「自由な学風と多元的な課題解決に挑戦し，地球社会の調和ある共存に貢献」に符号し，まさに「京大オリジナル」な取り組みとなっている。

　また，研修・講習サービスでは，研究者の研究成果や専門分野を広く公開するため，ビジネスパーソンなどの特定層向けの専門講座と，一般向けの教育講座を提供している。これらの研修・講習サービスは，京都大学がある京都市だけでなく，首都圏・東京でも開催されている。

4.3 京都大学イノベーションキャピタル株式会社

4.3.1 京都大学イノベーションキャピタル株式会社の概要

　京都大学イノベーションキャピタル株式会社（以下，京都iCAP）は，京都大学による100％出資の子会社として2014年に設立された。産業競争力強化法に基づき，京都大学が特定研究成果活用支援事業者として文部科学大臣・経済産業大臣から認定を受け，設立されたベンチャーキャピタル（以下，VC）である。京都大学の研究成果を活用して，次代を担う産業構造の創造のため，投資活動を通じて貢献することがミッションとして掲げられている。

　ファンドスキームは，**図表2－6**に示すとおり，京都iCAPが無限責任組合員となり，京都大学や機関投資家からLP出資を受け，イノベーション京都2016投資事業有限責任組合を組成した。京都大学の研究成果を基にしたベンチャー，京都大学と企業の共同研究を基にしたベンチャー，京都大学の知を活用するベンチャーなどの京都大学の研究成果を活用する事業者に対して，出資などの支援を行うものである。ファンド規模は約160億円，ファンド期間は15年間（5年間延長の場合あり）で，キャピタルコール制を採用している。また，政府の指針において，「保有する株式等の処分等を行うことによって得られる総収入額が総支出額を上回るように，財務諸表等の指標に基づく基準を設定し，これを継続的に把握すること等により，支援を行う特定研究成果活用事業者の事業活動について，事業年度ごとにその進捗状況や収益性を適切に評価する」（特定新事業開拓投資事業及び特定研究成果活用支援事業の実施に関する指針）と示されていることから，京都iCAPにおける本ファンドの成果は，元本を上回る

50

図表2-6 京都iCAPのファンドスキーム

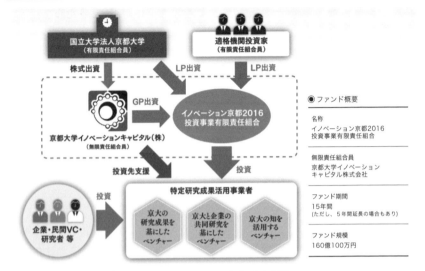

(出所) 京都iCAPのHP〈http://www.kyoto-unicap.co.jp/〉より転載。

回収を目標としている。投資を決定する支援・投資委員会の構成メンバーは7名で，うち5名は外部の民間企業や投資会社の人材が就任し，京都大学関係者は投資委員会の構成員には入っていない。

4.3.2 京都iCAPの投資方針と投資対象

　京都iCAPの投資方針は6つあり，①民間VCでは投資困難なシードやアーリーステージのベンチャー企業を中心に投資すること，②研究や事業の進捗に応じてマイルストーンを設定し投資を行うこと，③民間VCに先行して単独投資をする場合は，将来，民間VCから投資を受けやすいスキームで投資を行うこと，④成長ステージに応じて民間VC，銀行，事業会社等との共同投資を柔軟に検討すること，⑤投資先企業の議決権比率に制限は設けず柔軟に対応すること，⑥環境・社会・ガバナンスを意識したESG投資や持続可能な開発目標SDGsの精神を尊重した投資を行うこと，を掲げている。

　京都iCAPの投資対象は，京都大学の研究者による知（研究成果・技術等を含む）を事業化する企業等である。具体的な投資基準は6つあり，①京都大学の

知を活用して新たな需要や市場等の社会的価値の創出が期待されること，②わが国の学術研究の発展に寄与するものであること，③京都大学の学術研究の進展に資するものであること，④国民経済における生産性向上等，社会的ニーズに対応しており，新たな付加価値創出が期待されること，⑤支援決定から5年

図表2－7　京都iCAPの投資ケース

①京都大学の研究成果（特に知財）を基に設立するベンチャー企業への投資

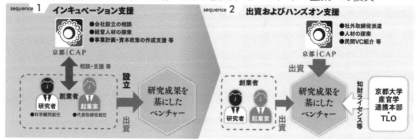

②京都大学と企業の共同研究成果を基に設立するベンチャー企業への投資

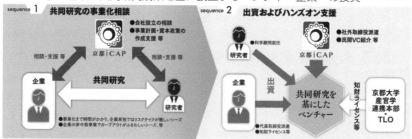

③京都大学の研究成果とベンチャー・起業家をマッチングして行う投資

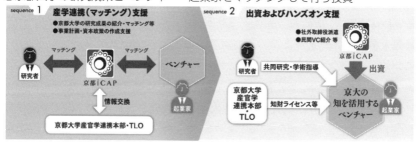

（出所）京都iCAPのHP〈http://www.kyoto-unicap.co.jp/〉より転載。

から10年程度で事業化を実現し，投資組合存続期間中に株式処分等による資金回収ができるという高い蓋然性が見込まれていること，⑥協調して民間事業者等から資金供給が行われる等により，当該研究成果の事業化に向けて民間事業者等との協力が見込まれること，としている。

　具体的な投資ケースとしては，**図表２−７**のとおり，京都大学の研究成果（特に知財）を基に設立するベンチャー企業への投資（投資ケース①），京都大学と企業の共同研究成果を基に設立するベンチャー企業への投資（投資ケース②），京都大学の研究成果とベンチャー・起業家をマッチングして行う投資（投資ケース③）を想定している。

　京都iCAPは，投資ケース①では，会社設立の相談，経営人材の探索，事業計画・資本政策の作成支援等，出資，社外取締役の派遣，民間VCの紹介によるファイナンス支援等を行う。投資ケース②では，ベンチャー企業設立の相談，事業計画・資本政策作成支援，企業とのジョイントベンチャー等の形態での出資，社外取締役派遣による経営支援，民間VCの紹介によるファイナンス支援を行う。投資ケース③では，京都大学の研究成果の活用がベンチャー企業の成長を促進すること，それにより新たな社会価値創出が期待できること，その研究成果の活用事例が学術研究の進展に資するものであること等を判断して出資を行い，社外取締役の派遣，民間VCの紹介によるファイナンス支援等を行う。2020年１月時点で，ヘルスケア／デバイス系（６社），バイオ／創薬系（10社），IoT／AI系（６社），素材／エネルギー系（６社），フード／アグリ系（３社）への投資実績がある。

4.3.3　京都大学のベンチャー支援プログラム

　京都iCAPは，京都大学産官学連携本部・出資事業支援部門等と連携して，京都大学のベンチャー支援のプログラムとして，GAPファンドプログラム，インキュベーションプログラム，京都大学ベンチャーインキュベーションセンタープログラム，起業家教育プログラムを行っている（**図表２−８**）。

　GAPファンドプログラムは，京都大学の研究成果の実用化の検証や実用性を向上させることを目的に，プロトタイピング，デモンストレーション，追加試験に対して，最長１年間，最大300万円を助成するプログラムである。

図表2－8　京都iCAPと京都大学産官学連携本部によるステージごとの支援

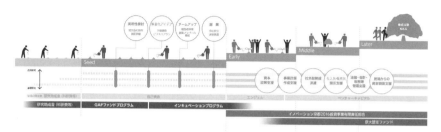

（出所）京都大学産官学連携本部出資事業支援部門のHP〈http://www.venture.saci.kyoto-u.ac.jp/〉より転載。

　インキュベーションプログラムは，京都大学の研究成果の事業化のために，京都大学研究者と起業家が協力し，VCからの資金調達を目指すプロジェクトを支援するプログラムである。ベンチャー企業での研究成果の事業化を目指す経営者候補または経営者と，京都大学研究者の共同プロジェクトに対して，最長3年間，最大3000万円／年を助成する。

　京都大学ベンチャーインキュベーションセンタープログラムは，ベンチャー企業が入居できるオフィスの提供を行っている。京都大学吉田キャンパス本部構内の国際科学イノベーション棟1階や，医学部構内のイノベーションハブ京都に，ベンチャー企業が本社機能を置くことができる場所を提供し，創業前後のベンチャー企業の経営チームと研究者が密接に協働できるような環境を提供している。

　起業家教育プログラムでは，京都大学産官学連携本部イノベーション・マネジメント・サイエンス研究部門と連携して，技術イノベーション事業化コース（実践ワークショップ）を開講している。京都大学の研究成果の事業化に本気で取り組みたい20代から40代の人材を対象に，社会課題を京都大学の知や研究成果を用いて解決する事業プロセスを通して，最終的に事業プランを作成・提案するワークショップである。

4.3.4　京都iCAP Entrepreneur Candidate Club

　京都iCAPのユニークな取り組みとして，京都iCAP Entrepreneur Candidate Club（以下，ECC-iCAP）がある。ECC-iCAPは，京都大学の研究成果を基に

起業しようとする研究者と，ビジネスパーソンや起業家が出会う場である。京都iCAPでは，大学発ベンチャー創出の課題は，「起業家人材の確保」であるとして，このような研究者とビジネスパーソンや起業家をマッチングするプラットフォームを創設した。ECC-iCAPは会員制となっており，起業家精神を持つ社会人や企業経営者，将来CEO，CSO，CFO等の経営層を目指す個人を対象としている。京都大学構内や東京等の首都圏において，年数回，京都大学研究者の研究紹介や講演会を実施し，起業に繋がる京都大学の研究成果の発信，会社設立支援やメンタリングを行っている。

5 おわりに

　本章で紹介した京都大学が構想する「京大モデル」の取り組みから，日本の大学発ベンチャーエコシステム構築に当たってのインプリケーションについて，3点を指摘したい。

5.1　将来の大学の産官学連携ビジョンを示すリーダーの重要性

　第1に，大学の産官学連携を牽引するリーダーには，将来のビジョンを示しながらリーダーシップを発揮することが重要となる点である。

　京都大学の産官学連携を担当するリーダーは，京都大学の産官学連携の未来像を産官学の新しい仕組み「京大モデル」として明確に打ち出している。これまでの大学の産官学連携組織は，TLOと大学知的財産本部に代表されるように，国の政策や省庁間の施策の影響を受け，それぞれの政策や施策ごとに設立した産官学連携組織が独自に活動し，協働や連携が行われることはごくわずかであった。京都大学の産官学連携を担当するリーダーは，産官学連携の役割について，「京都大学の研究成果を事業化し，そこから利益を得て，それを自由な研究の追及に還元する」という指針を示し，既存の組織や国の政策，省庁の施策をうまく活用しながら，産官学連携のバリューチェーンを再構築し，大学発ベンチャーが次々に生まれる京都大学ベンチャーエコシステムの整備を進めている。これらのことは，2016年に京都大学が立命館大学から株式を買い取り，TLO京都を子会社化したことや，国の施策を活用して2014年に京都iCAPを設

立したこと，2018年にリエゾン機能やコンサルティング機能をもつ京大オリジナルを設立したことに繋がる。さらに，将来はこれらの3つの機関を統括するホールディング会社の設立を構想していることに繋がる。

　現在の日本の大学の産官学連携には，京都大学のように将来の産官学連携ビジョンを示しながらリーダーシップを発揮しているリーダーは少ない。日本の産官学連携の発展のためには，各大学で自らの産官学連携の将来像を示し，組織全体を巻き込んで成果を最大化するリーダーの存在が必要だと考える。

5.2　大学の研究成果から社会に価値を生み出す「プロデューサー」の役割の重要性

　第2に，大学において産官学連携を担う人材は，大学の研究成果から社会に価値を生み出すプロデューサーとしての役割が必要となる点である。

　京都大学の産官学連携の実務・実行組織である3つのグループ会社（TLO京都，京大オリジナル，京都iCAP）は，京都大学の新規事業部門と位置づけられている。その組織で求められる人物像として，科学技術に対する深い洞察があり，事業化・商業化に関する具体的なアドバイスができる「プロデューサー」としての役割が求められている。社会に価値を生み出す方法として，その技術を成立させている要素と構造を分析し，市場との関係性を明らかにして新しいブレイクスルーの方法を見出すマネジメントが重要である（山口，2016）。すなわち，産官学連携を担う人材においても，科学技術からビジネスを生み出し，将来の産業を構想する人材，0から1を生み出す能力が重要となってきていると言える。これまでの大学の産官学連携組織は，その地域を代表する企業のOBが定年間近に慣習的に産官学連携組織のポストに就くことも少なくなかった。それが日本の産官学連携を硬直させていた原因の1つであることも否定できない。今後は，日本の産官学連携において，京都大学が示すようなプロデューサーがさらに重要な役割を担い，高度な専門性をもつプロデューサーの発掘・採用・育成が重要になってくると考えられる。

56

5.3 大学研究者と産官学連携組織における互いへのリスペクトと信頼の重要性

　第3に，大学研究者と産官学連携を担う人材の互いへのリスペクトや信頼が重要となる点である。

　京都大学は，創立以来築いてきた自由の学風を継承し発展させつつ，多元的な課題の解決に挑戦し，地球社会の調和ある共存に貢献するという基本理念を掲げながら，新たな知の創造・イノベーションの確立・未来社会への指針を示している。世界最高水準の優れた研究を行うのが京都大学の本来の役割であり，その根底にあるのが学問に対するリスペクトである。京都大学には，約3000名の研究者が在籍し，日々新しい知（ナレッジ）が生まれている。それぞれの専門分野を探究し，他の分野の研究者とも，互いにリスペクトし合いながら，その融合から新しいイノベーションが生まれている。すぐには事業化・商業化できないような研究内容であっても，50年先，100年先を見据えて学問を探究することが大学の社会的使命と考えていることも京都大学の特徴である。学問や研究と事業化・商業化を切り離して考えるのではなく，互いへのリスペクトが大学研究者と産官学連携を担う人材の間でも湧き上がることになれば，さらなるイノベーションの創出に繋がるだろう。

◆ **謝　辞**

　インタビューに快くご協力いただいた，四本賢一氏（京都大学イノベーションキャピタル株式会社，2018年5月21日実施）に心より感謝申し上げる。

◆ **参考文献**

株式会社価値総合研究所（2019），『平成30年度産業技術調査事業（大学発ベンチャー実態等調査）報告書』2月。

山口栄一（2016），『イノベーションはなぜ途絶えたか：科学立国日本の危機』筑摩書房。

WEBの情報は，原稿執筆時の情報に依拠している。

第 **3** 章
大阪大学

拠点集約による
産学・社学・渉外活動融合の試み

ー大阪大学ベンチャーキャピタル株式会社（OUVC）と
大学共創機構ー

1 はじめに

　大阪大学は，1931年に帝国大学令により日本国内6番目の帝国大学（当時は大阪帝国大学）として誕生したが，もともとは，「江戸期に大阪の地に創設された適塾（1838年）を原点とし，さらに遡って大坂の五商人によって開設された懐徳堂（1724年）の精神をくみつつ，学術と教育の機関として発展」してきた。大阪大学は，これらの「藩校ではない市民による市民のための2つの学問所を精神的な源流として」いる（高杉他，2009）。大坂の有力町人「五同士」を中心に，懐徳堂（2年後に江戸幕府の許可を得て大坂学問所）が開設され，町人による運営，町人に開かれた学校として存在したのである。さらに一方のルーツである適塾は，医師であり蘭学者である緒方洪庵によって開設された。懐徳堂設立に尽力した五同士は，三星屋武右衛門，道明寺屋吉左衛門，舟橋屋四郎右衛門，備前屋吉兵衛，鴻池又四郎である。大阪大学とその「精神的源流」としての適塾および懐徳堂との関係についての詳細は永田他（2019）に詳しいが，大坂町民の力で興された私塾がルーツであり，国立大学となった後も，市民精神を受け継ぎつつ，「地域に生き世界に伸びる」をモットーとしている。

　2014年1月に，停滞する日本経済を再興するために，基礎研究を得意とする大学と投資マネーを結びつけ，経済成長の基盤となるイノベーションを促すことを主な目的に産業競争力強化法が施行され，国立大学法人法が改正され，国立大学法人が行える出資の範囲が拡大した。これは，「日本経済再生に向けた緊急経済対策（2013年1月閣議決定）」で打ち出された方針によるものであり，「官民イノベーションプログラム」として重点4大学に合計1000億円（東北大学125億円，東京大学437億円，京都大学272億円，大阪大学166億円）が出資された（文部科学省高等教育局，2013）。この出資を原資に，各大学はベンチャーキャピタルを設立した。

　このように政府が重点4大学への出資を実行するに至った背景を簡単に述べると，大学の研究資源のうち，新規産業のシーズとなると期待されるものの特許化および企業への移転（ライセンシング）を行う技術移転機関（Technology Licensing Organization，以下，TLO）の重要性が増し，大学の技術移転を目指

して，1998年に「大学等における技術に関する研究成果の民間事業者への移転の促進に関する法律（通称TLO法）」が制定された。

2003年には，文部科学省が大学知的財産整備事業を開始した。これにより大学では外部のTLOに拠らず，大学内部で知的財産本部を設置する動きが進められるようになった。これを受けて2003年5月には，大阪大学発のベンチャー企業に対するファンドとして，「阪大イノベーション一号投資事業有限責任組合」が運営者を日本ベンチャーキャピタル株式会社として設立された。募集総額は約30億円であった。「大阪大学の教官，学生（含大学院生）が起業したベンチャー企業，大阪大学卒業生が起業したベンチャー企業（大阪大学からの紹介のみ），大阪大学と共同研究・開発を行うベンチャー企業」として，アーリーステージ（創業から数年経過）のベンチャー企業を投資対象としている。そして，2004年に「国立大学法人法」が施行され，国立大学が各々独立した法人格を有するようになると，各国立大学が自主的，自律的に産学連携や知的財産の活用を行うことができるようになった。

本章では，「地域に生き世界に伸びる」をモットーとし，産業界・社会との連携を超えた「共創」を掲げる大阪大学が，どのような形で株式を100%保有するベンチャーキャピタルを通した投資活動を行っているかに注目し考察する。第2節では，大学傘下のベンチャーキャピタルの例として，大阪大学ベンチャーキャピタル株式会社（Osaka University Venture Capital Co. Ltd.（大阪府吹田市），以下，OUVC）について設立の経緯と現状を述べる。さらに第3節では，OUVCの投資方針および運用ファンドの概要について紹介する。第4節では，OUVCと大阪大学の共創機構産学共創本部の連携について紹介する。第5節では，このような取り組みがイノベーション創出にどのように貢献しているかを考察したい。

2 | 大阪大学ベンチャーキャピタル株式会社（OUVC）の役割

2.1　設立の経緯

　OUVCは，投資事業およびその周辺業務（特定研究成果活用支援事業）を事業目的として，2014年12月22日に設立された。株式は国立大学法人大阪大学が100％を所有している。代表取締役1名，取締役4名，監査役2名（2019年8月末時点）で構成され，代表を除く取締役全員が大阪大学の卒業生である。具体的には，代表取締役の神保敏明は関西大学大学院経済研究科修了であるが，取締役の山田隆持（大阪大学工学部卒業・工学研究科修了），野村正朗（大阪大学基礎工学部卒業），一村信吾（大阪大学工学部・工学研究科修士・博士修了），川面克行（大阪大学工学部卒業）となっている。

　運用しているファンドは，「OUVC1号投資事業有限責任組合（通称：OUVC1号ファンド）」であり，設立は2015年7月31日，契約期間は10年（最長5年の延長可），ファンド規模（出資約束金額）は125.1億円である。無限責任組合員として大阪大学ベンチャーキャピタル株式会社，有限責任組合員として国立大学法人大阪大学および金融機関等8社が参加している。大阪大学の出資金額が100億円，残額がその他の機関等の出資金額合計である。**図表3−1**は，OUVCの組織構成を表している。

2.2　事業の内容

　OUVCは国立大学法人100％株式所有のVCとして，産業競争力強化法の枠組みを用いて活動している。神保氏へのインタビュー時の説明によれば，「税金を投入してでも，ベンチャーの育成を行い，国内の産業を活発化させる」ことを重視している。大阪大学は国立大学の研究成果として世界でも上位の特許数を誇り，知的財産を有効活用し，投資リターンを重視し過ぎることなく，「社会性の高さ」，「人類への有益性」に資することを重点として投資を行っている。その結果は後述するが，創薬・医療サービス分野のベンチャー企業へ過半数を超える投資を行っているということに繋がっている。

図表3－1　大阪大学ベンチャーキャピタル株式会社（OUVC）組織図

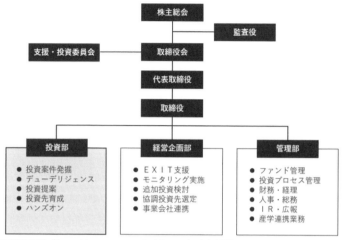

（出所）OUVCのHP〈https://www.ouvc.co.jp/aboutus〉より転載。

　OUVCの特色として挙げられるのが，民間のベンチャーキャピタル（以下，VC）との相違である。民間VCとの比較においてOUVCの特色として挙げられる事項をいくつか紹介する。まず，VCが大学内に存在するということで，外部に積極的に公開されているわけではない研究シーズとその成果に対するアクセスが容易であることが挙げられる。また，創薬・医療サービス分野への資源投入への重点投資を行う際に，VCの規模としては多い医学博士2名を雇用し，関連分野の投資に対する科学的な評価を実施している。

　さらに，運営方針について考える際，出口戦略についてはもちろん熟考するが，民間のVCのように，「内部収益率X％以上」といった数値目標が与えられているわけではない。「償還の際に投資金額を毀損しない」という目標であるため，元本を毀損しない範囲でリスクを多めにとることができるということも特色として指摘できる。

3 | 大阪大学ベンチャーキャピタル株式会社（OUVC）の投資方針・運用ファンドの概要

3.1　OUVCの投資方針

　OUVCの投資方針は，「大阪大学発ベンチャー」の創出，発展のために，**図表3−2**に表されるように研究のサポートから成長段階にかけての長期的なものであると言える。

　神保氏へのインタビュー時の説明によれば，投資検討を進める候補先を決定する際には，投資候補先に関しては，財務調査，マーケティング調査，大学研究者・外部有識者等へのヒアリングに加え，協調投資を検討している民間VC等との協議を踏まえ，社内検討会議を経て，支援・投資委員会への案件付議を決定する。その後，支援・投資委員会では，投資の可否につき審査が行われ，その審査結果を踏まえた取締役会決議によって投資先が決定する。OUVCの担当者が積極的に大学の研究室を訪問したり，研究室のウェブサイトを定期的に巡回して大学にある研究シーズの発掘を試みる。また，後述するが，大学共創機構の産業共創・渉外本部との連携により，大学が助成金を出して一定の成果を上げた研究を次のステップに進めるためにOUVCの資金を活用するといった

図表3−2　大阪大学ベンチャーキャピタル株式会社（OUVC）の投資先支援

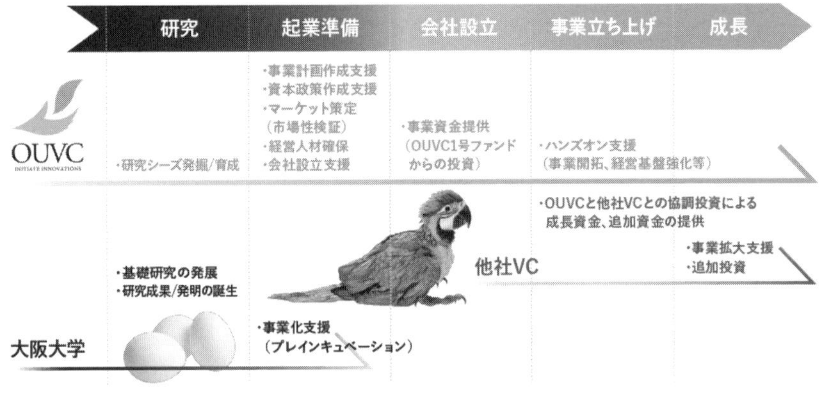

（出所）OUVCのHP〈https://www.ouvc.co.jp/policy#01〉より転載。

案件を情報として共有している。さらに，そういった案件を社内における投資部で検討（社内検討会議）し，社内における連絡会で承認を受ける。次のステップとしては，社内の公認会計士・税理士とつながりのある管理部門と連携して，投資を実行できるか否かの検討に入るといったステップに入る。

　社内での検討は3段階，3審制となっており，第1段階では，技術の確かさ，社会への影響力を検討し，第2段階では事業化できる可能性，事業化できる人材が存在する経営組織，収益性の検討を行い，第3段階では全体的な投資のポートフォリオにおける位置づけで優先的に検討する案件かを判断する。常勤の取締役は神保氏1名，従業員としては投資部キャピタリスト5名，サイエンスアナリスト2名，事務1名の体制で社内での検討作業を行う。その上で，外部有識者により構成される支援・投資委員会に諮り，その承認を得ることにより投資実行が可能となる。承認も多数決というわけではなく，反対者がいた場合，全員一致となるように反対意見をクリアしてくための方策を検討していくといったプロセスがとられる。

　投資分野としては，「大阪大学が優れた研究成果および事業性のポテンシャルを有する分野」と「市場の成長が見込まれるとともに日本が注力すべき分野」の組み合わせにより，重点投資分野として「ライフイノベーション分野」と「グリーンイノベーション分野」を設定している。追加的に，幅広い産業の基盤技術となるICT，材料，インフラなどのプラットフォーム分野も，重点投資分野とされる（**図表3-3**）。

　投資対象企業には，これまで大阪大学が設立した40拠点を数える企業との共同研究講座・協働研究所の機能を「フルに活用し，大阪大学が持つコア技術に対して，資金やビジネスノウハウの供給を含むさまざまな事業化支援を実施」する。そして，「大阪大学が持つ高度な技術に対し，民間だけでは実現不可能なハンズオンが可能となり，大阪大学の研究成果の実用化を促進」する。投資の候補となるのは，第1に，大阪大学の研究成果を活用したスタートアップやアーリーステージベンチャーであり，ハンズオン支援を前提にマイルストーン投資を行い，早い段階で民間VCとの協調投資ができる水準を目指す。第2に，大阪大学と企業との共同研究から生まれるジョイントベンチャーについては，大学の研究・開発力と企業の開発力，経営力，販売力等の資源を幅広く活用す

64

図表3－3 OUVCの投資対象となるベンチャー群

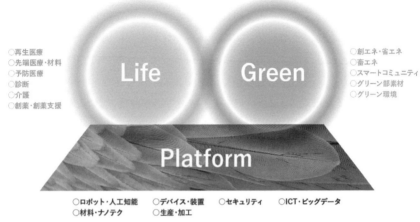

○再生医療
○先端医療・材料
○予防医療
○診断
○介護
○創薬・創薬支援

○創エネ・省エネ
○蓄エネ
○スマートコミュニティ
○グリーン部素材
○グリーン環境

○ロボット・人工知能　○デバイス・装置　○セキュリティ　○ICT・ビッグデータ
○材料・ナノテク　　　○生産・加工

（出所）OUVCのHP〈https://www.ouvc.co.jp/policy〉より転載。

る。第3に，既存の大阪大学発ベンチャーについては，他の出資者やベンチャーから要請・同意がある場合には積極的に支援する。

3.2　OUVC運用ファンドの概要

運用ファンドの仕組みについて図示すると**図表3－4**のようになる。

神保氏へのインタビューによれば，年間にすると学内で10数件の新規の投資案件を求めて，それぞれに平均約1.5億円程度投資できる案件で合計年額20億円超を投資するといった形での投資が行われているとのことである。現時点で運用されている総額125.1億円のファンドの運用期間は，前半5年を投資期間，後半5年を回収期間として，管理報酬の報酬率（非開示）は異なる。成功報酬としては，ファンドへの出資金を超過した部分の20％を会社が受け取るという契約になっている。投資の形態として主流は優先株によるものであり，新株予約権付社債がそれに続く。普通株としての投資件数は少ない。

投資に関する報告は，有限責任組合員としての大阪大学および組合員8法人に対し，半期ごとに組合員集会で行っている。また，産業競争力強化法第2条で規定している「特定研究成果活用」として，「官民イノベーションプログラ

図表3－4　OUVC運用ファンドの概要

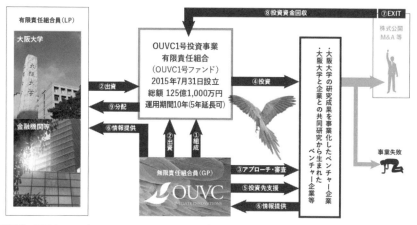

（出所）OUVCのHP〈https://www.ouvc.co.jp/fund〉より転載。

ム」によって国からの出資を大学として受け入れているという観点から，首相官邸で開催される「官民ファンドの活用推進に関する関係閣僚幹事会」への報告が行われている。この他，年に2回，管轄省である文部科学省「国立大学法人評価委員会官民イノベーションプログラム部会」や経済産業省「外部有識者委員会」への報告が義務付けられている。

3.3　運用ファンドの投資例

　創薬・医療サービスの分野では，株式会社マトリクソーム，株式会社ファンペップなど，16社（2019年8月末現在，以下同様）の投資実績がOUVCのHP上で紹介されており，投資額・投資実行日，大阪大学との関係，会社の特徴，事業概要を知ることができる。

　例えば株式会社マトリクソームについては，多能性幹細胞および組織幹細胞の培養・増殖，分化誘導，機能維持に有効な培養基材の研究開発および販売をする会社である。投資額は1.5億円，投資実行日は2016年1月29日，大阪大学との関係としては，2014年に採択された，大阪大学蛋白質研究所（関口清俊教授）と株式会社ニッピとの事業化推進型共同研究の成果を活用し，科学技術振興機構（JST）および日本医療研究開発機構（NEDO）の再生医療実現拠点ネッ

トワークプログラム「幹細胞培養基材の開発」にも採択されている，といった内容がOUVCのHP上にて公開されている。

　環境・エネルギー分野では，日本環境設計株式会社およびナノミストテクノロジーズ株式会社の2社が，機械・材料・製造の分野では，マイクロ波化学株式会社など6社が，情報通信分野では，株式会社エルブズなど6社が投資先として挙げられている。

　IPOとM&Aの実績としては，2社についての実績が公表されている。OUVCの投資先であった株式会社ジェイテックコーポレーション（証券コード3446）は東証マザーズに上場した。同社は創業1993年の企業であるが，1997年，「完全表面創成のための高濃度スラリー精製システムの研究開発」が，科学技術振興機構（現・国立研究開発法人科学技術振興機構）の1997年度独創的研究成果育成事業に採択され，大阪大学と共同研究を実施するに至り，これを皮切りに大阪大学と多くの共同研究を行っている。2015年12月にOUVCから1.4億円および他のVCより出資を受け入れ，出資後の2016年4月には大阪大学吹田キャンパス産学連携B棟内に細胞培養センターを開設するなど大阪大学との関係を深め，2018年2月に東証マザーズに株式を上場した。

　バイオワークス株式会社への投資についてもイグジットが完了している。2015年10月に設立され，2016年11月15日には1億円がOUVCより出資された。大阪大学との関係は，大阪大学大学院工学研究科の宇山浩教授の研究成果を事業化したものであり，ポリ乳酸等を，石油由来の一般的なプラスチックと同等またはそれ以上の性能を持つ高機能バイオプラスチックに変貌させることができる，天然素材由来の改質剤を開発する企業であるとOUVCのHPで紹介されている。イグジットの詳細については，OUVCのHPでは確認できないが，2019年8月末時点では，株式会社TBM（本社：東京都中央区，代表取締役山崎敦義）の子会社となっている。2018年12月6日に公表されたバイオワークス社のプレスリリースでは，「OUVC1号投資事業有限責任組合が保有するバイオワークス株式会社の全株式について，株式会社TBMへ譲渡されたこと」が公表されている。

　これらの投資案件に対しては，定期的にモニタリング会議が行われ，財務チェックが行われる他，定期的な検討会を行うことで，営業力の強化や必要な

人材の確保といった事柄に対するOUVCからのハンズオンの支援が行われている。

4 │ OUVCと大阪大学共創機構産学共創・渉外本部の連携

4.1　連携の仕組み

　OUVCは，大阪大学産学共創本部（2019年8月から大学共創機構産学共創・渉外本部）との連携についてHP上で次のように説明している。OUVCは大阪大学産学共創本部と連携しながら，大阪大学の研究成果の事業化にとどまらず，事業化候補の発掘，イノベーション人材育成，起業支援（インキュベーション），イノベーション・エコシステムの構築等に積極的に取り組み，大阪大学の発展およびベンチャー支援を通じた地域経済の活性化に貢献している（**図表3－5**）。

　2017年4月に設置された大阪大学の産学共創本部は，2012年4月に設置された産学連携本部からの組織改編で誕生した。「地域に生き世界に伸びる」という大阪大学のモットーのもと，本学の卓越した研究成果と国内外の産業界との連携をミッションに，「大学の発展」，「企業の発展」のみならず，「社会の持続的な発展」に寄与する活動に取り組む。大学内に産業創出拠点を誘致する「Industry on Campus」構想のもと，テクノアライアンス棟を整備し，全国に先駆けて「共同研究講座」や「協働研究所」を設置し，産学連携を進めてきた。また，2018年1月には，社会と大学がその「知と力」を合わせて，新たな価値を創出する「共創」の概念を取り入れ，その活動を全学的に推進するための中核組織として「大阪大学共創機構」を設立し，「研究開発エコシステム」の構築を進めている。さらに，2019年8月には，「大阪大学未来基金の拡充に向け，同窓会や共同研究企業等と連携し，活動を行ってきた渉外本部と統合する組織改編」を行い，共創機構産学共創・渉外本部となっている（**図表3－6**）。

図表３－５ 大阪大学共創機構の組織概要

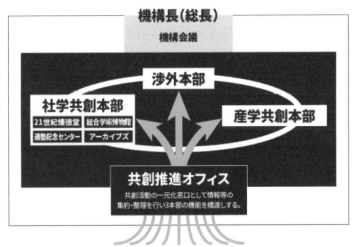

（出所）大阪大学共創機構のHP〈https://www.uic.osaka-u.ac.jp/2179/〉より転載。

図表３－６ 大阪大学の産学共創・渉外本部の体制

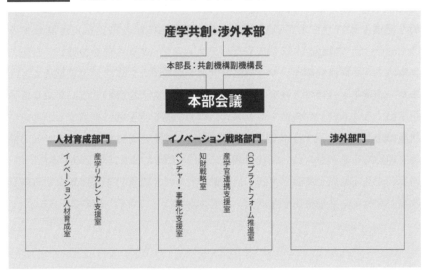

（出所）大阪大学共創機構のHP〈https://www.uic.osaka-u.ac.jp/target/member/system/〉より転載。

図表3－7 大阪大学と産業界との連携の仕組み

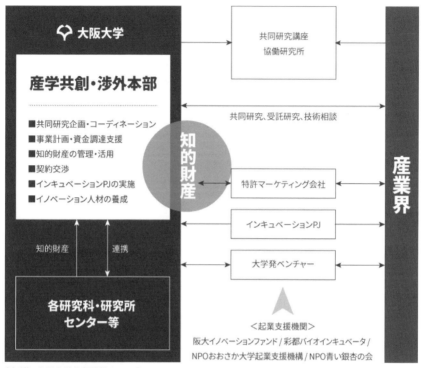

（出所）大阪大学共創機構のHP〈https://www.uic.osaka-u.ac.jp/target/company/activity/〉より転載。

　大阪大学の社会的協力・連携を積極的に推進する制度として，**図表3－7**に示すような組織が存在する。

　このように，大阪大学共創機構の産学共創・渉外本部は，産学のニーズ・シーズに対して官民も一体となって社会課題（共創テーマ）を設定し，最適な「知」「資金」「人財」を組み合わせた探索チームを結成して，総合力でその課題の克服を目指した組織である（**図表3－8**）。

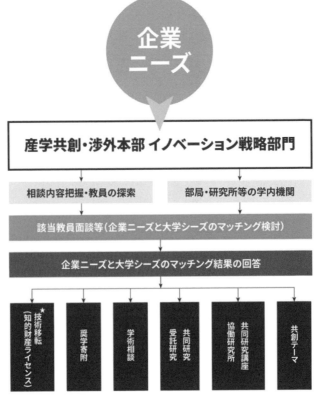

図表3−8 企業ニーズと産学共創・渉外本部の関係

（出所）大阪大学共創機構のHP〈https://www.uic.osaka-u.ac.jp/target/company/activity/〉より転載。

4.2 大阪大学の外部資金獲得と研究者への支援制度の実例

　大阪大学の共同研究や受託研究による外部資金獲得の金額は，増加し続けている傾向を示している（**図表3−9**）。また，文部科学省（2019）によれば，同一県内企業および地方公共団体との共同・受託研究の実施件数では，大阪大学は379件と2位の立命館大学の158件を大きく引き離して近畿地方では1位である。

図表3−9 大阪大学の共同研究と受託研究による外部資金の獲得状況

〈共同研究〉

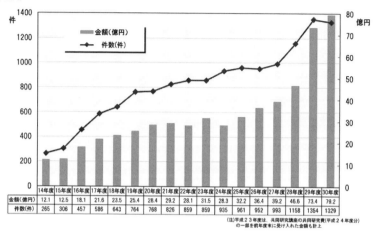

	14年度	15年度	16年度	17年度	18年度	19年度	20年度	21年度	22年度	23年度	24年度	25年度	26年度	27年度	28年度	29年度	30年度
金額(億円)	12.1	12.5	18.1	21.6	23.5	25.4	28.4	29.2	28.1	31.5	28.3	32.2	36.4	39.2	46.6	73.4	79.2
件数(件)	265	306	457	586	643	764	768	826	859	859	935	961	952	993	1158	1354	1329

(注)平成23年度は，共同研究講座の共同研究費(平成24年度分)
の一部を前年度末に受け入れた金額も計上

〈受託研究〉

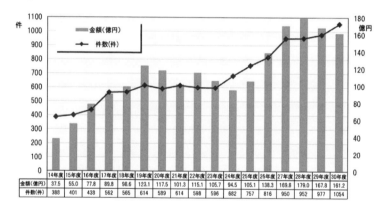

	14年度	15年度	16年度	17年度	18年度	19年度	20年度	21年度	22年度	23年度	24年度	25年度	26年度	27年度	28年度	29年度	30年度
金額(億円)	37.5	55.0	77.8	89.8	98.6	123.1	117.5	101.3	115.1	105.7	94.5	105.1	138.3	169.8	179.0	167.8	161.2
件数(件)	388	401	438	562	565	614	589	614	598	596	682	757	816	950	952	977	1054

(出所) 大阪大学共創機構のHP〈https://www.uic.osaka-u.ac.jp/target/member/data/〉より転載。

　さらにベンチャー企業の起業を通じて研究成果の実用化を目指す大阪大学の研究者に対する支援制度としては，大阪大学Innovation Brideグラント「起業シーズ育成グラント」および「起業プロジェクト育成グラント（起業準備段階）」の2種類が存在する。「起業シーズ育成グラント」は，主に実用性を検証するための試作開発費，実証データ取得費，特許出願・維持費，特許調査費，市場調査費用等を対象に最長1年間・最大500万円を助成するものである。「起業プ

ロジェクト育成グラント」は，VCからの投資を受けるまでの資金不足（起業に向けた開発，チーム組成，事業戦略・知財戦略の策定等）を埋める起業準備ステージにおいて，期間2年以内，原則として最大4000万円／年を助成するものである。

4.3　大阪大学でのイノベーションを興すためのエコシステムの構築

イノベーション人材の育成，イノベーションを興すための仕組みとしてのエコシステムの構築についての取り組みとしては次のようなものがある。出資事業（文部科学省官民イノベーションプログラム）による大学発ベンチャーの創出・支援を行う過程において，大阪大学ベンチャーキャピタル株式会社との連携により，イノベーション人材育成に貢献する。さらに，イノベーション人材育成に貢献するとともに，収益を大学に還流してさらなる教育研究・イノベーション環境の醸成をもたらす，イノベーション・エコシステム（イノベーションを軸とする好循環）の構築を目指している（**図表3－10**）。原資となるのは，官民イノベーションプログラムによる特別運営費交付金の34億円であり，具体的な

図表3－10　大阪大学の出資事業体制

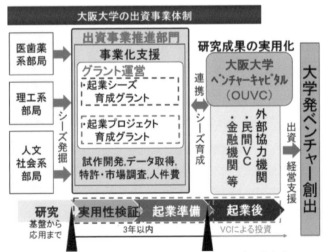

（出所）大阪大学共創機構のHP〈https://www.uic.osaka-u.ac.jp/2427/〉より転載。

図表3－11　OUVCと民間VC等17社との連携

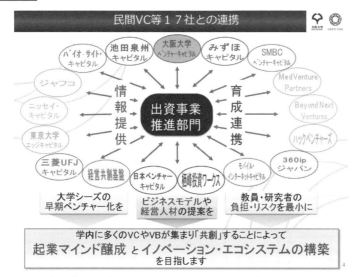

（出所）大阪大学共創機構のHP〈https://www.uic.osaka-u.ac.jp/2427/〉より転載。

実施内容は，起業シーズ育成，起業プロジェクト育成，イノベーション人材育成，エコシステムの構築等となっている。

　図表3－11が示すような形でのイノベーションに関するエコシステムの構築が目指されている。また，幅広く研究シーズを公開する目的で，「ResOU」というウェブサイト〈https://resou.osaka-u.ac.jp〉が公開され，「研究で世界をハッピーに」を旗印としてさまざまな研究シーズが公開されている。

5 おわりに

　本章で紹介したOUVCと大阪大学の連携や大阪大学共創機構の取り組みから，イノベーション創出のためのエコシステムの構築にあたってのインプリケーションは何であろうか。以下では3点を指摘することとしたい。

5.1 大阪大学OGBが多く携わる大学出資100％のOUVCによる ハンズオン支援

　第1に，大阪大学発ベンチャーの創出・支援をサポートし，研究成果の社会実装を目指す目標に対してOUVCはさまざまな段階で関与している。**図表3－2**に表されるように，初期の研究のサポートから成長段階にかけての長期的なものまでその支援体制はさまざまなものがある。投資方針は「社会性の高さ」，「人類への有益性」に資することであり，創薬・医療サービス分野のベンチャー企業へのリード投資を行っている。投資可否の最終判断を行う支援・投資委員会のメンバーのほとんどは大阪大学の卒業生から構成されており，大阪大学における各研究室との緊密な関係を保っている。これまで大阪大学が設立した40拠点を数える企業との共同研究講座・協働研究所の機能をフルに活用し，大阪大学が持つコア技術に対して，資金やビジネスノウハウの供給を含むさまざまな事業化支援や民間VCだけでは実現の難しい密接なハンズオン支援を行っている。

　OUVCは，大阪大学共創機構産学共創・渉外本部と連携しながら，研究成果の事業化にとどまらず，事業化候補の発掘，学内におけるイノベーション人材育成，起業支援，イノベーション・エコシステムの構築等に積極的に取り組み，ベンチャー支援を通じた地域経済の活性化に取り組んでいる。

　医学・医療系分野について述べると，都道府県別では，大阪府の病院数は東京都，北海道に次いで3位であり，また医師数は東京都に次いで2位である。医師や医療現場からのニーズを，大学側が受け止めて共同研究を行う土壌がある。OUVCによる創薬・医療サービス分野のベンチャー企業への投資が投資全体の過半数を占めているという背景には，そのような側面があることも見逃せない。

5.2 産学共創，社学共創，渉外活動の融合

　第2に，大阪大学は，関西圏の経済の中心である大阪府に所在している。近隣にも京都府や兵庫県といった産業集積地があり企業数も多いが，とりわけ大阪府においては，中小企業の数が多く，個人事業主も多い。大阪大学は冒頭に

述べたとおり，大坂の五同士によって開設された懐徳堂の精神をくんで設立された という経緯があり，歴史的にも，大学と実業界との垣根は低く，アカデミックでありつつ，ビジネスにも意識を向けやすい環境である。

「地域に生き世界に伸びる」をモットーとする大阪大学は，常に大阪市民の尽力により設立されたという歴史的経緯を重んじ，社会のために拓かれ，活力ある社会を創出することのできる人材を育成することをその2016年度〜2021年度の中期的な目標として掲げている。2019年の組織改編で登場した「共創機構産学共創・渉外本部」は，社会と大学，産業界と大学の連携からさらに発展した共創という形で，新しい価値を創出するという「研究開発エコシステム」の構築を進める試みと言えよう。

大阪大学憲章にも，「実学の重視」と題して，「大阪大学は，実学の伝統を生かし，基礎と応用のバランスに配慮して，現実社会の要請に応える教育研究を実践する」と記載されている。このような土壌を生かしてベンチャー企業支援がさらに活発に行われることを期待したい。

5.3 学内に多くのベンチャーキャピタルと
ベンチャー企業が集積することによるメリット

第3に，大阪大学は，キャンパス内に産業創出拠点を誘致する「Industry on Campus」構想により，テクノアライアンス棟やフォトニクスセンタービルを学内に設置した。大阪大学が全国に先駆けて2006年に始めた企業と大学の共同研究講座制度や，企業の研究組織を学内に誘致し産学協働活動を展開する協働研究所制度などにより，大学と企業が相互に研究室を設けるといった形で企業の学内誘致を進めてきた。これまで大阪大学が設立した企業との共同研究講座・協働研究所は40拠点を数える。

さらに，**図表3−11**に示すように，OUVCという大学100％出資のVCに加えて10以上の民間VCによる情報提供や人材育成，起業育成が学内において行われている。OUVCの担当者は積極的に大学の研究室を訪問し，研究室のウェブサイトを循環することにより研究シーズの発掘を常に試みている。このように，1拠点に集中して行われる産学協働が，イノベーション創出のためのエコシステムの構築に大きく貢献していることは間違いないであろう。

76

◆ 謝　辞

　インタビュー（2018年9月13日）に快くご協力いただいた，神保敏明氏（大阪大学ベンチャーキャピタル株式会社代表取締役社長）に心より感謝申し上げる。

◆ 参考文献・URL

高杉栄一，阿部武司，管真城編著（2009），『大阪大学の歴史』大阪大学出版会。

永田靖，佐伯康考編著（2019），『大阪大学社学共創叢書1　街に拓く大学—大阪大学の社学共創—』大阪大学出版会。

文部科学省（2013），『官民イノベーションプログラム（国立大学に対する出資事業）について』6月。

文部科学省（2019），『大学ファクトブック』7月。

大阪大学〈https://www.osaka-u.ac.jp/ja/guide/about/kenshou.html〉

大阪大学共創機構産学共創・渉外本部〈https://www.uic.osaka-u.ac.jp/〉

大阪大学ベンチャーキャピタル株式会社〈https://www.ouvc.co.jp/〉

株式会社ジェイテックコーポレーション〈https://www.j-tec.co.jp/〉

バイオワークス株式会社〈https://bioworks.co.jp/news/〉

ResOU〈http://resou.osaka-u.ac.jp/ja〉

WEBの情報は，原稿執筆時の情報に依拠している。

第4章
東北大学

モノづくり系研究の企業を重視した
大学発ベンチャー支援
―民間が採用できない
社会貢献型のベンチャー投資戦略―

1 | はじめに

　東北大学では，「東北大学発の研究成果」を活用した大学発ベンチャーの起業を推進するため，2015年2月，産業競争力強化法に基づく認定特定研究成果活用支援事業者として，東北大学ベンチャーパートナーズ株式会社（THVP）を設立した。そして同年8月，「THVP-1号ファンド（投資事業有限責任組合）」を設立し，東北大学は当該ファンドへ70億円を出資することを決定した。これは日本政府が2012年に東北大学を含む他の3国立大学（東京大学，京都大学，大阪大学）に対して合計1000億円および特別運用交付金200億円を予算措置し，かつ，産業競争力強化法を制定し国立大学法人法を改正して国立大学からの出資が可能となったことが契機となった。これによって大学発ベンチャー創出のためのベンチャーキャピタルの活動がTHVPでも実施できるようになった（**図表4-1**）。

図表4-1　東北大学における大学発ベンチャー創出の沿革

| 2015年（平成27年） | 資本金出資額認可を経て、2015年（平成27年）2月23日、東北大学ベンチャーパートナーズが設立される。 |

東北大学ベンチャーパートナーズは、第一号（LP）ファンド設立認定、並びに・ファンドへの出資額認可（経済産業省及び文部科学省）を経て、2015年（平成27年）・8月31日にファンド設立（THVP-1号投資事業有限責任組合）。

2014年（平成26年）　東北大学は、子会社としてベンチャー・キャピタル会社（**東北大学ベンチャーパートナーズ株式会社**）の設立について、文部科学省、経済産業省より**認定**を受ける（2014年（平成26年）10月31日）。

2013年（平成25年）　2013年（平成25年）12月4日に、アベノミクス第3の矢として「**産業競争力強化法**」が成立、国立大学法人法改正により、**国立大学からの出資が可能**となる。

2012年（平成24年）　2012年度（平成24年度）補正予算にて、
東北大学に対して125億円の出資金（フェーズ2：子会社設立・ファンドへの投資）
25億円の特別運営交付金（フェーズ1：共同研究）
（出資金は東大、京大、阪大、東北大に、合計1,000億円）

（出所）東北大学ベンチャーパートナーズのHP〈https://thvp.co.jp/about/history/〉より転載。

　THVPの主な目的は，産学共同の研究開発による実用化促進を図るとともに，「東北大学発の研究成果」を活用した起業を推進し，世界最高水準の独創的な研究開発を支援しつつ，その成果を新産業の創出に繋げることにある。東北大学はTHVPとともに，イノベーションの源泉となる大学発ベンチャーへの投資および事業支援を展開していくことを宣言している。

　近年における東北大学における大学発ベンチャーの創出と次世代起業家の育成は，以下の**図表4−2**のとおりである。また，その概要は以下の4点となっている。

- 事業化推進事業型共同研究，事業性検証支援（ビジネス・インキュベーション・プログラム（BIP））
- 東北大学発ベンチャーへの投資（THVP-1号ファンド（投資事業有限責任組合）設立）
- 次世代アントレプレナー育成事業の実施（EARTH on EDGE 〜東北・北海道からの起業復興〜）
- アントレプレナー育成拠点の形成（東北大学スタートアップガレージ（TUSG）開設）

　そこで本章においては，東北大学発ベンチャー創出活動の中心にあるTHVP

図表4−2　**東北大学における大学発ベンチャーの創出と次世代起業家の育成**

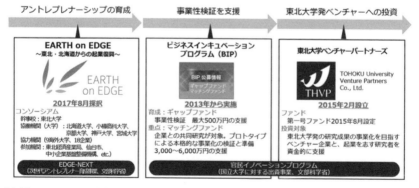

（出所）レジリエント社会構築イノベーションセンターのHP〈http://incrs.tohoku.ac.jp/investment.html〉より転載。

とビジネス・インキュベーション・プログラムを紹介する。第2節では，THVPの役割を，設立経緯と事業内容から検討していく。第3節では，投資方針として，ファンドコンセプト，ビジネス・インキュベーション・プログラムなどを紹介する。第4節では，THVPの具体的支援内容として，技術シーズの発掘，ハンズオン活動，イグジット戦略について考察を深める。第5節では具体的な投資体制を概観する。第6節では本章の総括を行う。

2 | 東北大学ベンチャーパートナーズ株式会社の役割

2.1　設立の経緯

　THVPは，2015年に文部科学省および経済産業省から認定を受けて設立された。設立の概要としては，THVPは特定研究成果活用支援事業を事業内容とし，国立大学法人東北大学が6000万円の資金を100％出資することで設立された。しかし，大学がすぐさま出資事業をするといっても，そのような知見や経験が存在しているわけではなかった。そこでTHVP設立に当たって，当初は大学内に委員会を設置し，文部科学省など関連省庁や民間の専門家を有識者として集め，彼らが円滑に運営できるように組織した。ただし，当該組織の管理運営に関するガバナンスについては，大学側も直接関われるように構成された。

　組織構成については，会社の資本は東北大学が100％を出資しているが，大学に雇用されている者がTHVPの組織構成員にはなっていない。これにより，活動が直接的に大学からの影響を受けない組織運営の構造になっている。ただし，ガバナンスについては大学側のチェックが効く仕組みになっている。また，常勤職員が社長を含めて13名になっている。その13名のうち銀行から研修として2年間だけ出向してきた2名を除くと，それ以外の11名は元の職を辞めてTHVPの正規の従業員として採用されている（2018年11月8日現在）。

　運営組織図は**図表4－3**に示されている。会社組織は非常に小さい規模であるが，取締役会メンバーについては，1部上場の大手企業と同じように，社外取締役が過半数を占め，常勤取締役2名，社外取締役3名，監査役2名で構成されている。監査役についても，大学とは関わりのない公認会計士と他大学の

図表4−3　東北大学ベンチャーパートナーズの組織編成

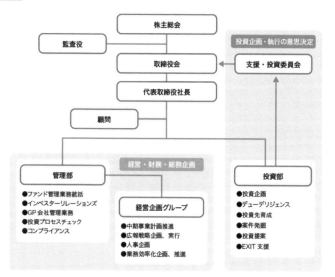

（出所）東北大学ベンチャーパートナーズのHP〈https://thvp.co.jp/about/organization/〉より転載。

大学教員であり，社外の人間が社内の業務執行に対して厳しく監視する仕組みになっている。この他のチェック機能としては，大学側が組織する外部評価委員会がある。この委員の過半数は大学とは関わりのない外部委員によって構成されており，この委員会によってもTHVPは管理されていることになる。投資執行の意思決定に関しては，支援・投資委員会によって行われる。この委員会の構成は，社内2名と社外4名となっている。社外4名のうち2名は社外取締役兼務が2名と，専門委員として2名が関わっている（2018年11月8日現在）。THVPの支援・投資委員会における意思決定（投資決定）の方法については，規定上は多数決であるが，今まで多数決で決定したことはない。実質的には満場一致により決定している。投資部，管理部については，民間会社や多様な経歴を有する方が，前職を辞めてTHVPに入社している。

　投資部は7名で構成されている。まず，常勤取締役兼投資部長は，民間VCで公開準備のコンサルタント，資本政策の立案，ファンド運営を長年経験した方である。それ以外のメンバーは当該投資部長が採用した人物である。THVPが対象とする企業は，創業者として会社そのものを作り上げていく必要がある

ため，投資部で中心となる３人は，いずれも研究開発，新商品・新製品開発，研究部門からのシーズを利用した新規事業展開などの経験ある人物を採用している。これら３人は55歳以上であり，経験を活かして部を導くベテラン社員となっている。それ以外のメンバは，40代が１名，30代が２名という構成である。THVP自体は小さい会社なので，若いメンバーともチームを組んでフットワーク軽く業務に取り組める人物を求めて採用しているようである。

2.2　事業の内容

　THVPの事業コンセプトは，東北大学の研究成果に基づく優れた技術を活用し，事業化を目指すベンチャー企業に対し，投資および事業支援・育成を行うことである。東北大学の研究成果の特徴としては，素材や材料，医薬，ヘルスケア，エレキ・デバイスといった分野，通信関連や半導体関連といった分野が特に強いという特徴がある。そのため，当該分野に対してTHVPも集中的に投資している。

　日本の他のベンチャー・キャピタル（VC）と比較した場合，THVPが特に力を入れる分野には，積極的な投資は行われていない（**図表４－４**）。これには３つの理由が指摘されている。第１に，当該分野は実際に商品化されて市場に出るまでに設備投資などの多額の資金が必要という点である。第２に，製品化されるまでの期間が長い。そして第３に，企業の金融評価の価値がバイオ創薬企業やウェブサービス事業に比べて低い。これらの理由により，THVPの主な投資案件先は，他のVCが積極的に投資を行っていない分野であるといえる。

　THVPは以上のような状況を考慮しながら，かつ非常に高い技術力を持っている会社に対して支援していくことで，日本の将来の国力に資するという究極の目的を掲げて投資事業を展開する。大学発ベンチャーを育成するためのTHVPの根拠となっている産業競争力強化法自体が，元々，上記で述べたようなVCがあまり投資されてこなかった分野を高めていくことを目的とした法律であった。したがってTHVPのミッションとしても，一般の民間企業ではできないようなリスクをあえて取りながら，事業運営を進めている。具体的には，モノづくりやリアル・テクノロジーといわれる産業・企業を対象の中心として活動している。

図表4−4　投資案件候補内訳（2018年5月時点）

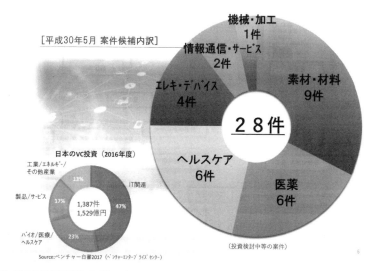

（出所）東北大学出資事業ビジネスインキュベーションプログラム資料より転載。

　一般的な日本のVC とTHVPを比較すると，前者の投資対象の約半分がIT
サービス業，4分の1がバイオ関連という状況であるのに対して，THVPでは，
約4分の3がモノづくり系の会社に投資しており，今後もこの傾向は続くと考
えられている。この特徴はITネット・サービスなどの会社を排除していると
いう理由で**図表4−4**のような結果となっているわけではなく，むしろ当該分
野が東北大学の高い研究成果であるという事実と大きく関連している。

2.3　東北大学ベンチャーパートナーズの投資先

　THVPがこれまで投資した会社の数は21社となっている（2019年12月6日現
在）。**図表4−5**は当該投資先企業の一例を示している。

図表4－5 東北大学ベンチャーパートナーズの投資先企業

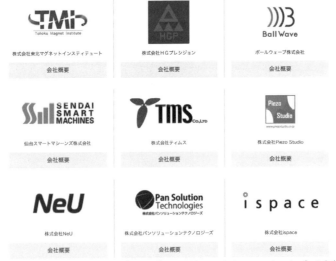

3 | 投資方針・運用ファンドの概要

3.1 ファンドコンセプトと概要

　ファンドの出資スキームについては，合計96億8000万円のファンドを運営している（2019年6月現在）。出資の内訳については，東北大学が70億円，金融機関8社から26億円，そして会社自体から8000万円となっている（**図表4－6**）。今後，5年間で，総額70数億円の投資事業を行うことを目途としている。出資期間は10年となっており，一般的なベンチャーキャピタル（以下，VC）と同様の期間設定となっている。

　現在25－30社を対象に投資することを考えている。すなわち1社当たり3億円の投資となる。この金額はVCが出資する1社当たりの額としては非常に大きいと考えられる。また，投資方法としてはマイルストーン投資法により，約3回程度に分け，途中経過を考慮しながら総額4－5億円程度まではリスクを

図表4－6　東北大学ベンチャーパートナーズの出資スキーム

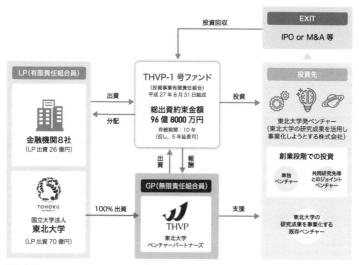

（出所）東北大学ベンチャーパートナーズ〈https://thvp.co.jp/support/scheme/〉のHPを参照。

　見込んで投資する方針を採用する。この理由は、量産化までプロトタイプの作り直しが4－5回必要であることを考慮すると、1回のプロトタイプ試作の運営費、材料費、設備費などが数千万円から1億円程度必要であると見積もられるからである。THVPの投資方針としては、このような量産化までの支援を行うことを前提としている。

　THVPが投資対象とする企業のステージとしては、**図表4－7**において示されているとおり、基本的には、市場特定（仮仕様決定）、技術確立（商品化・市場投入）、量産化、および市場拡大というステージにいる企業が該当する。しかし、実際のところは、試作段階でプロトタイプができあがる段階からの支援も念頭に置いて出資する。大学発ベンチャーで、大学教員が事業化することを考えた場合、研究論文として優れた開発が達成できただけでは十分ではなく、事業化の採算や、大量生産の実現性など、量産化に際して考慮しなければいけないポイントが多くある。また、開発が成功しても、その製品が長期的に継続して供給され、常に改良されていく継続性なども重要なポイントになってくる。上述のとおり、東北大学の主要な技術シーズがモノづくり系であるという特徴

86

図表4-7 東北大学との連携・民間VC等との役割分担

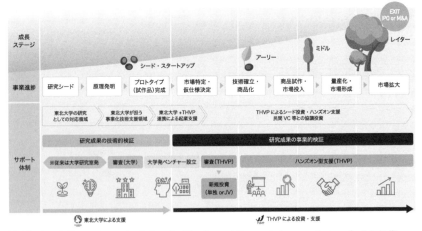

(出所）東北大学ベンチャーパートナーズのHP〈https://thvp.co.jp/support/feature/〉より転載。

を考慮すると，素材や材料などの川上に位置する事業には，他の業種とは異なる多くのリスクが潜んでおり，それらをTHVPがともに負担しつつ支援していくスタンスを採用している。

3.2　投資方針

THVPの投資対象案件には，以下のような5つのクライテリアが設けられている。

① 東北大学の研究成果を活用しようとする事業者であること
② 新産業創出とイノベーションに繋がること
③ 東北地域の創業的復興と経済振興，雇用の拡大に寄与すること
④ 商業化の道筋が見えていること
⑤ 知的財産の確保がされていること

第1に，東北大学の研究成果を活用しようとする事業者であることが重要なクライテリアとして挙げられる。この規準が最も重視される。ポイントは，大学の研究成果を活用しようとする事業者であって，研究成果を事業化しようと

する研究者ではないという点である。これにより多様な起業形態が対象となる。例えば，第2創業で中堅企業・中小企業が東北大学の研究成果を活用しても良いし，大企業が共同研究してジョイント・ベンチャーとして創業しても良い。また研究者が独立したベンチャー企業として起業しても良い。このように，大きく3つのパターンを想定している。

　投資の方向性としては，a）単独ベンチャー（新規設立）を50％程度，そして残りの，b）共同研究先とのジョイント・ベンチャーおよび，c）東北大学の研究成果を事業化する既存ベンチャーの2形態で残りをカバーしたいと考えている。THVPの投資業務のリスクを考慮すると，業種の分散と上記のような形態分散によりポートフォリオを形成し，リスクを回避するという考え方が採られている。また，ハンズオンによる起業支援をVCが行うのは予想以上に労力がかかるため，このような受け入れ予定の半分の数を新規設立に設定している。

　第2のクライテリアとして，新産業創出のイノベーションに繋がることが挙げられている。THVPが支援する先は，既存技術の改良ではなく，新しいイノベーションを生み出し，社会的貢献を期待できるシーズを元に創業を考えていることが求められる。

　第3のクライテリアとしては，東北地域の創造的復興と経済復興，雇用の拡大に寄与することが挙げられている。これは，他の大学発ベンチャーには見られない，THVPに固有の特徴といえる。

　第4のクライテリアは，商業化の道筋が見えていることが挙げられる。単なる研究とは違い，事業化を強く認識していることが求められる。

　最後に，第5のクライテリアとしては，知的財産が確保されていることである。事業化は，ブラック・ボックスにしておかなければいけないところと，知的財産として保護するところの2つをうまく織り交ぜなければいけない。この点に関して，THVPは創業する会社の知的財産のブランディングに深く関わっていくことを条件としている。これは，事業化しようと思っても，安易に特許を取ってしまったことで，他の事業会社がその周辺の特許をたくさん押さえてしまい，ベンチャー企業が事業化しようとしても身動きが取れないという状況を回避したいためである。また，投資するベンチャー企業には，大学が所有す

る他の知的財産も含めて買い取ってもらうことも条件にしている。この点は，他の大学のVCとは大きく異なる点であるといえる。これらの条件は，ベンチャー企業がIPOもしくはM&Aなどによって，企業価値を高めていかなければ，THVPも出資事業をする意味がないからである。例えば知的財産を他の事業会社が法的に所有している場合には，それに独占的実施権があっても，将来的に使えなくなってしまう場合も考えられる。知的財産の所有者と使用者の分離が起きてしまうと，IPO審査の時に非常に大きな障害になると考えられる。THVPは，このような事態が起きないように，知的財産管理には積極的に関わる方針を採用している。また，逆に他の事業会社が所有する知的財産も，本当にベンチャー企業にとって核となるものであれば，譲渡を交渉するように促している。譲渡するために必要な資金は，THVPがその分も含めて出資する方針である。

3.3 ビジネス・インキュベーション・プログラム （特別運営交付金によるベンチャー育成プログラム）

　ビジネス・インキュベーション・プログラム（以下，BIP）は，THVPが実施する支援ではなく，東北大学事業イノベーション本部（現，事業イノベーションセンター）が主管部門になって行われるベンチャー育成プログラムである（BIPフェーズ１：**図表４−８**）。当該プログラムでは，特別運営交付金が出資事業とは別に交付されている。これは，大学の教員で，将来事業化したい者に対して，事業計画などを見て，事業化の方向に進めるであろう育成案件に対して，１件当たり500万円の資金出資がなされるプログラムである。当該交付に関しては，春と秋の年２回公募を行い，年間約10件程度の案件を採択する。プログラムの趣旨としては，研究にとどまらず，事業化を目指したような研究成果までは，大学が責任を持って支援をするという棲み分けを行っている。THVPは，先にも述べたように，量産化などに責任を持つという役割分担を意識している（BIPフェーズ２）。

図表4−8　東北大学による直接の事業化支援プログラム

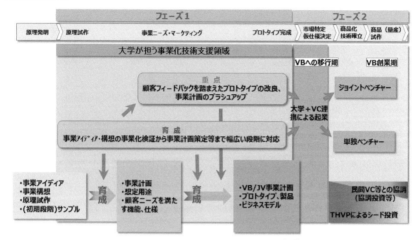

（出所）東北大学産学連携推進本部のHP〈http://www.rpip.tohoku.ac.jp/sangaku/inn/support/index.html#cat01〉より転載。

4 ┃ 東北大学ベンチャーパートナーズの支援内容

4.1　技術シーズの発掘

　技術シーズの発掘については主に4つの方法がある（**図表4−9**）。第1に，上述のビジネス・インキュベーション・プログラムによって支援された育成案件に対するものが挙げられる。この育成案件が順当に成長し，THVPが引き続き出資する案件の比率が最も高くなっている。第2に，大学の各部局や学部を周り，THVPの事業概要の説明，研究者の事業化希望調査，説明会の開催，研究室訪問などを実施している。この技術シーズ発掘の成功率は，年間100件程度実施して事業計画となるのが10件程度であるが，THVPは東北大学の研究テーマや科研費採択の母集団から考えると，まだまだ発掘活動が不十分であると考えている。第3に，東北大学産学連携機構が，民間事業会社と共同での事業化や共同研究を求めている研究テーマ400件程度を情報公開しており，この

図表4－9 成長ステージに応じた東北大学ベンチャーパートナーズの支援

発掘・創業支援	起業・事業化支援	ハンズオン支援モニタリング	EXIT（売却最終検討・意思決定）
■ 事業計画策定支援 ■ 市場性検証支援 ■ 創業メンバー確保（人材会社紹介等） ■ 知財確保支援	■ 株式・新株予約権等への出資による事業資金の提供 ■ 事業を営む上での追加資金や様々な支援を通して企業成長を後押し	■ 経営全般に係る支援取締役or監査役派遣（オブザーバ派遣含） ■ 販路拡大支援 ■ 資金繰り支援 ■ 経営人材の紹介	■ M&A先の模索、IPOに向けた対応等支援

（出所）東北大学ベンチャーパートナーズのHP〈https://thvp.co.jp/support/feature/〉より転載。

中から興味あるテーマを選別してアプローチするという方法を採っている。最後に，他のVCやシード・アクセラレーターからの紹介がある。すでにこれらの組織・団体は出資しているが，追加で資金が欲しいという理由で，投資を勧誘される場合がある。

4.2　ハンズオン活動の特徴

　THVPのハンズオン活動に関して最も配慮しているのは，投資先の企業が経営組織をどのように組成するかという点である。例えば，過去の事例でいえば，技術力はあるが経営が全くできていない会社には，THVPが経営者を指名して採用してもらうケースなどがあった。また別の会社では，技術と管理については十分対応できているが，販売が弱いというケースがあった。この会社では，販売活動を立て直すことができる人物を業務委託の形式で受け入れてもらった。他のハンズオン活動としては，THVPが海外まで同行して，海外顧客向けの商談に際して，資料の作成，商談，プレゼンテーション支援などをサポートしたこともあった。

　出資した企業の大半では，THVPから役員を派遣し，取締役会，経営会議等々に出席して，そこで取締役もしくは監査役として直接意見を述べる形で，非常に深くコミットしてハンズオン活動が行われている。

4.3　投資先企業のイグジット戦略

　THVPは，基本的に，多額の設備投資を要する案件はIPOではなく大企業によるM&Aがイグジットとして望ましい方法であると考えている。新技術の市

場での独占利益は短期間であることが予想される。大企業が参入してくると弱小のベンチャー企業は生き残れない。その前に，大企業とうまく組むためのM&Aが最適の解決策であると考えている。特に，ベンチャー企業の技術や製品を市場に広める戦略を採用しようとする大企業とのM&Aが望ましい。逆に，バイオ関連企業であれば，IPOの流れが確立できているので，IPOを目指せば良いと考えている。出資額が大きいところと期間が長くかかる企業は，基本的にはIPOをめざしているが，臨機応変に機会をみてM&Aの方が良い場合もあると考えている。

4.4　TLOとの関係

　TLOとVCは元来，同じ大学内にあると利害が相反すると考えられる。THVPが出資対象とするベンチャー企業が活用を考えている知的財産は，TLOにとってはライセンス料を得やすいからである。THVP側は，この棲み分けについて，長期にわたってインカムゲインを得られる知的財産であればTLOが管理し，事業化できるものがあればVCが出資事業として進めるのが良いと考えている。TLOが管理する知的財産をTLOにとどめライセンス化するか，ベンチャー企業に譲渡するかという判断は，大学が行っている（2018年11月8日現在）。なお，ベンチャー企業に知的財産の譲渡が行われない場合には，THVPからは当該ベンチャー企業には原則的には投資が行われないことになっている。これは，知的財産が譲渡されていない場合には，上述したとおり，将来的にM&AやIPOの実施が難しくなると考えているからである。THVPは大学のVCであるが，行動原理としては民間のVCと同じで，自身が投資した資金をきちんと回収できるかという観点からベストな投資条件を考える方針を採用している。

5 投資体制

5.1 想定IRRと管理報酬の仕組み

　THVPの想定IRRについては，通常，金融機関に伝えているのは出資分を120％に増やしたいという概算数値である。これをIRRで計算すると，投資期間の10年間で割戻せば，1桁台前半の低い数値になってしまう。THVPのミッションは，東北大学の研究成果を社会に還元しイノベーションを起こすというものである。なお，THVPも含まれる官民イノベーションプログラムでは，プログラム全体での累積利益が全体で1.0倍以上（ファンド終了時に損をしないこと）が求められている（内閣府ホームページ参照）。

　また，THVPの管理報酬等の仕組みについては，下記の**図表4－10**に記載している。なお，クローバック条項はない。THVPの成功報酬は，出資企業からの受取総額を金融機関への分配金を返済した後に初めて成功報酬が発生する。

図表4－10　東北大学ベンチャーパートナーズの手数料等

手数料等について

- 管理報酬　　設立から5年が経過して最初に決算日を迎える事業年度については、事業年度毎に、出資約束金額総額の2.5%（日割計算）
　　　　　　爾後設立から7年が経過して最初に決算日を迎える事業年度については、事業年度毎に、出資約束金額総額の2.0%
　　　　　　爾後設立から9年が経過して最初に決算日を迎える事業年度については、事業年度毎に、出資約束金額総額の1.5%
　　　　　　爾後、事業年度毎に、出資約束金額総額の0.5%

- 設立報酬　　出資約束金額総額の1.0%

- 設立費用　　出資約束金額総額の1.0%を上限として組合財産にて負担

- その他の費用　　投資実行・処分、組合財産管理、組合員集会等開催、計算書類作成・送付、監査、投資先指導・育成、法令遵守、保険、税金及び解散等の費用、専門家費用、その他本組合に関する合理的な費用につき組合財産にて負担（実額負担となるため、金額を表示できません。）

- 成功報酬　　出資履行金額を超える分配金の20%

- 追加出資手数料　　1%

（出所）東北大学ベンチャーパートナーズのHP〈https://thvp.co.jp/caution/〉より転載。

そのため，クローバック条項は必要ない。

5.2　投資する証券の条件，ファンドの満期，延長期間等

　THVPの投資証券の条件としては，エクイティ付きのものであればなんでもできるという，一番幅の広い形の条件を採用している。ただし，実際には設立から関与するのが最も多いケースなので，普通株式での投資が多い。種類株も何件か実施しているが，それ以外のエクイティ付きの社債や新株予約権だけというケースは，THVPでは未だ取得したことがない（2018年11月8日現在）。なお，国内だけでなく，海外のエクイティ証券の取得も制度上は可能である。既存株式の購入も可能であるが，これまで実施したことはない（2018年11月8日現在）。投資案件を検討するに際しては，いつも既存株式の購入も含めて検討をしている。

　また，THVPのファンドの満期は10年間となっている。加えて延長期間は5年を設定している。延長する場合には，2年ごとに更新（2年，2年，1年）する形式をとる。組合契約上，延長できるのは，複数の有限責任組合員（LP・東北大学及び金融機関8社）が賛成したうえで，その議決権割合が3分の2以上となった場合と規定されている。これは東北大学の他，少なくとも金融機関1社が同意することを意味している。

　出資者への報告レポートの送付頻度に関しては，監査済みの決算報告書を年間2回（中間と期末）行っている。この監査は，有限責任組合員に関する監査と金融商品会計に関する監査を2本実施し，それらの報告書を半期ごとに2回送付することにしている。

　それ以外には，投資を実施すると即座に投資レポートを作成し，投資理由，イグジット戦略，投資内容などのサマリーを作成して出資者に送付している。

6　｜おわりに

　本章では，他の有力な国立大学と時を同じくして東北大学に設立されたVCであるTHVPについて考察した。以下では，このTHVPの取り組みについての特徴をインプリケーションとして示す。

6.1　モノづくり系研究に特化した起業支援

　本章の考察により，東北大学におけるTHVPを中心とした大学発ベンチャー支援は，東北大学の研究成果の多くが，特にモノづくり系であるという特徴を大きく反映していることが明らかとなった。他の国立大学における大学VCも同じ状況であるが，税金で投資資金の原資を賄っているため，民間VCの商機を圧迫することなく，かつ投資活動を民間とは差別化しないといけないという難しさがある。この差別化の1つの方法として，民間VCが好んで行わないシーズ期やアーリー期からの投資があるが，これは想像以上にハイリスクである。いくつかの最新の研究では，投資の旨味が薄いという理由から，民間のリスクマネーがこのような初期段階では供給されづらいことが明らかになっている。しかし，東北大学の強みが素材や材料などの研究にあることを活かし，起業の早い段階から投資を行い，異なるリスク・マネジメントを駆使しながら，会社に寄り添い長期的視点で成長を促すという独自の行動を採っていることが明らかとなった。

6.2　東北地域の経済復興に寄与するという視点

　本章の検討により，THVPの特徴の1つとして，東北地域の震災からの復興に寄与することが投資先選定の規準に挙げられていることが明らかとなった。通常の大学発VCにおいては，大学の社会貢献の一形態として大学発ベンチャー創出を活性化させ，地域社会の経済に資するという点を強調するが，特に東北地域の復興と経済振興，雇用の拡大という社会的な意義を鑑みれば，THVPの大学発ベンチャー支援のあり方は社会的に大きく評価されると考えられる。宮城県では，復興への試みを通じて，災害に強く全世代が利益を享受し地域の特性を活かし，かつグローバルに結びつく地域社会を創造するという創造的復興を目標に掲げている。この創造的復興の実現を，ベンチャーの力で後押ししようとしているのである。

6.3　特徴的な知的財産戦略

　他の大学に存在するVCとTHVPの大きく異なる特徴として本章で明らかに

なったことは，THVPは創業する会社の知的財産のブランディングに深く関わっていくことを条件として投資を行うという点である。また投資するベンチャー企業には，大学が所有する他の知的財産も含めて買い取ってもらうことも条件にしている。知的財産の所有者と使用者の分離が起きてしまうと，来るべきIPOに向けて非常に大きな障害になると考えられることがその根拠であった。このTHVPが実施する知的財産戦略は，TLOの事業活動との重複や取り合いの可能性も予想されるため，当該問題に関する交通整理も今後求められると考えられる。

　以上のように，THVPは民間VCとしての独立採算制についても留意した上で，東北大学の研究開発の特徴や地域性を色濃く反映させた役割や活動方針を策定して社会貢献型の事業活動を展開している。この考え方は，THVPと研究者および大学の3者が皆幸せになる「三方良し」という従来からいわれてきた最適解を超越し，それに加え，THVPが役割を担い循環させるエコシステムにより，利益を享受できる地域や社会という主体も含めた「四方良し」という最新のサステナビリティー的思想にも合致する。

◆　謝　　辞
　本章の執筆のためにインタビューのご協力をいただいた樋口哲郎氏（東北大学ベンチャーパートナーズ株式会社・取締役投資部長）および根本義久氏（東北ベンチャーパートナーズ株式会社・管理部長）に対し，ここで心より感謝申し上げる。

◆　参考文献・URL
河野修己，「大学発ベンチャーキャピタルの挑戦―研究成果の実用化促進を目指して―」，『ファルマシア』，第53巻第12号，pp.1157-1161，2017年12月。
新村和久，「研究開発型ベンチャーの創出における大学研究成果の貢献性」，『年次学術大会講演要旨集』，第33号，pp.227-230，2018年10月。
浜口伸明（2013）「創造的復興について」『国民経済雑誌』，第207巻第4号，pp.35-46，2013年4月。

東北大学産学連携機構〈http://www.rpip.tohoku.ac.jp〉

東北大学産学連携機構イノベーション戦略推進センター〈http://promo-innov.tohoku.ac.jp〉

東北大学事業イノベーションセンター〈http://www.rpip.tohoku.ac.jp/sangaku/inn/〉

東北大学ベンチャーパートナーズ〈https://thvp.co.jp〉

レジリエント社会構築イノベーションセンター〈http://promo-innov.tohoku.ac.jp/incrs/index.html〉

WEBの情報は，原稿執筆時の情報に依拠している。

第5章 名古屋大学

東海広域5大学連携による
イノベーション創出支援

—Tongali（東海発起業家育成プログラム）
プロジェクトの取り組み—

1 | はじめに

　国立大学法人岐阜大学と国立大学法人名古屋大学は，2018年12月に「東海国立大学機構」設立に向けての基本合意に至った。2019年2月には文部科学省が国立大学法人法の改正案を発表し，5月には国会で成立し，2020年4月1日に国立大学法人東海国立大学機構が設立されることとなった。このような形での組織統合により，名古屋大学，岐阜大学が所在する製造業が高密度に集積した東海地域が知の拠点化となり，国際的な競争力向上と地域創成への貢献に資すると考えられる。海外における地域発展の事例の多くに，有力大学あるいは大学群が成功のカギを握っているとされることから，新組織が地域創成への貢献に果たす役割が期待されている。ここで目指されているのは，「世界屈指の新しい大学群によるNext Societyの実現であり，東海地区を国際的にも有数のTech Innovation Smart Societyとする転換に貢献する」ことである。また，「大学連携を核とした産業構造の変革」であり，「次世代航空機，次世代ものづくりなど大学を中核とするイノベーションを軸とした新たな地方再生を実施」することである（名古屋大学，2018）。

　両国立大学は，この統合以前に東海地域の地域創生，地域の発展を推進する布石として，大学発のベンチャー企業の発掘促進支援を通じた取り組みを共同して行っていた。大学発ベンチャーと企業を結び付けるものであり，大学の統合に先駆けてベンチャー企業の起業家を育成するという目標を達成するための協力・協働体制は基本合意前にすでにできあがっていたといえるであろう。ベンチャー育成事業を通じて産学連携全体の協力体制を確立することも視野にいれていたと思われる。具体的には，2016年にはすでに他大学を含む「名古屋大学・東海地区大学広域ベンチャーファンド」が創設されていた。日本ベンチャーキャピタル株式会社が名古屋大学，岐阜大学，豊橋技術科学大学，名古屋工業大学および三重大学（以下，東海広域5大学）と，5大学に由来するベンチャー企業に投資を行う同ファンドの創設を公表し，大学発ベンチャーの起業促進を目的としたギャップファンド「東海広域5大学ベンチャー起業支援：スタートアップ準備資金」の募集が始まっていた（名古屋大学，2019a, b）。

「名古屋大学・東海地区大学広域ベンチャーファンド」は，自動車や航空機などの輸送機器産業，電子産業，素材産業などの世界有数の産業集積地に所在する地理的なアドバンテージを活かしながら，産学官連携を含む多様な連携を積極的に行い，研究成果の社会実装を実現する取り組みの1つとして，技術移転やベンチャー企業の育成を加速するために創設された。「先行する官民ファンドや既存の大学ベンチャーファンドとは異なり，地元の複数大学が結集し，民間ベンチャーキャピタル（以下，VC）との連携によって破壊的イノベーションの実現を目指すもので，大学発ベンチャーの起業支援からアントレプレナーシップ教育までを行う」と説明される（一般社団法人国立大学協会，2018）。

　本章では，このような同地域における大学の連携に注目し考察する。第2節では，連携の中心的な役割を果たしている名古屋大学を中心に，東海広域5大学におけるイノベーション創出支援制度の設立の経緯と，現状における取り組みを各大学による広報内容を中心に，紹介する。第3節では，名古屋大学を中心とする東海地区における広域大学ファンドについて紹介し，ファンドと大学の連携の重要性を指摘する。第4節では，東海広域5大学による起業家育成プログラム「Tongaliプロジェクト」について，その設立の経緯と現状の取り組みを紹介する。最後に，第5節では，これらの取り組みがイノベーション創出にどのように貢献しているかを考察したい。

2 ｜ 東海広域5大学におけるイノベーション創出支援制度

2.1　名古屋大学の取り組み

　名古屋大学総長の松尾清一氏が総長任期内に達成すべき目標として2015年に提出した「松尾イニシアティブ（NU MIRAI 2020）」には，名古屋大学がオープンイノベーション・プラットフォームの形成を行い，イノベーション創出を行うための5つの戦略についての次のような記述がある。

　松尾（2019）が掲げる戦略1は，「学術研究・産学官連携推進本部によるマネジメント」として，基礎研究から産学連携，技術移転までの一貫した研究マネジメント体制の強化，産学連携 IR（Institutional Research）の実施と，アク

ションプラン策定，イノベーション経営人材，研究プロモーション人材の採用，育成である。

戦略2としては，「産学官共創コンソーシアム形成」であり，産学官コンソーシアムの構築等により，大学をオープンイノベーションの結節点とする。「競争領域」と「協調領域」を明確にした戦略的推進を行う。GaN研究コンソーシアム，ナショナルコンポジットセンター（NCC），未来社会創造機構（モビリティ社会研究所，ナノライフシステム研究所，マテリアルイノベーション研究所，オープンイノベーション推進室），人間機械協奏技術コンソーシアム（人工知能AI），物質・エネルギーリノベーション共創コンソーシアム，プラズマ科学プラットフォームなどが列挙されている。

戦略3としては，「『組織』対『組織』の本格的産学共同研究」として，産学協同研究の新しい仕組みや学生参画の枠組み等により，「組織」対「組織」の本格的産学共同研究を強力に実施し，指定共同研究，産学協同研究講座・部門の拡大，知財，コミットメント，営業秘密等の管理の仕組みの構築，教員のエフォート管理，企業とのクロスアポイントの拡大，大学院生の研究員雇用の抜本的拡大などが挙げられている。

戦略4としては，「産学共創の大学院教育の充実拡大」として，優れた革新技術の社会実装を加速するため，スタートアップ・ベンチャー企業の創出支援スキームを進化させ，大学の収益改善に貢献することが挙げられる。具体的な支援のための仕組みとして，名古屋大学・東海地区国立大学広域ファンド（日本ベンチャーキャピタル，Beyond Next Venturesが実施），アントレプレナー教育（Tongaliプロジェクト）によるスタートアップ・ベンチャー育成，キャップファンドや特定基金「ベンチャー支援事業」の創設，ベンチャー企業からの新株予約権等の寄附促進などが挙げられている。

戦略5としては，「ベンチャー創出スキーム」として，優秀な博士課程学生を実社会で活躍できる人材として育成するため，企業との共創による大学院教育の課程を創設し，本格的産学共同研究を教育にまで進化させる。また，リーディング大学院の成果を全学に拡大するための「博士課程教育推進機構」との連携強化，卓越大学院の実施，産学共創教育（Sharing Education:コースシェア，ラボシェア，エフォートシェア）の拡大などが挙げられている。これらの戦略の

実行の中心的な位置づけとされるのが，「学術研究・産学官連携推進本部」である。

　名古屋大学の学術研究・産学官連携推進本部は，それまでの研究推進室，産学官連携推進本部およびURA（リサーチ・アドミニストレーター）室の3組織を統合して2013年に設立された。5つのグループ・部門（企画・プロジェクト推進グループ，産学協創・国際戦略グループ，人材育成・情報発信グループ，知財・技術移転グループ，学術・連携リスクマネジメント部門）が学術研究・産官学連携を推進している。

2.2　岐阜大学の取り組み

　岐阜大学では，産官学連携推進本部が教育や研究の成果を地域へ還元することを目指している。岐阜大学の研究シーズとして生命科学分野，環境科学分野，ものづくり，社会・人文・教育分野が掲げられ，産学連携が推進されている。さらには，起業家育成教育およびベンチャー創出支援を行い，学生や研究者が企業を意識するように仕向けるための活動を積極的に行っている。具体的には起業家・外部専門家によるセミナーや講演の開催，「基礎講座（知財論等）」，Tongaliスクール，外部支援機関による説明会の運営，起業に関心のある学生・教職員の交流促進，情報共有，ビジネスプランコンテストへの参加・発表支援，起業相談（VCやメンターの紹介やマッチング）といった活動に取り組んでいる。

　2019年には岐阜大学発ベンチャー称号制度が発足し，大学とベンチャー企業との連携強化を打ち出している。Tongaliビジネスプランコンテスト2019では，「Infection Barrier（クレージング法を用いた感染症防止衣類の開発）」というテーマで岐阜大学生が代表のチームが3位に入賞している。

2.3　豊橋技術科学大学の取り組み

　豊橋技術科学大学は，技術教育を早期に受けた高専出身の学生が全学生の80％を占めている。このような技術に極めて強い学生に，講義・実習などを通じて起業マインドを醸成することで，ベンチャー企業誕生に携わることのできる人材を育成することを重要なミッションとして掲げている。アントレプレナーシップ教育プログラムを，「起業家育成」として2003年度から継続してき

ている。Tokai-EDGE（TONGALI）プログラムの次世代アントレプレナー育成
事業（EDGE-NEXT）に採択されたことを機会に，大学等の研究開発成果を基
にした起業ができる人材，新事業創出に挑戦する人材の育成およびスタート
アップ・エコシステム（ベンチャー企業の創業支援に関連する生態系）構築を新
たな目的とし，斬新且つ実践的なアイデアでアントレプレナーシップを発揮す
る人材育成の強化を目指している。プログラムの対象は学部生および大学院博
士課程前期課程の大学院生となっている。授業科目として，「事業開発論ビジ
ネスデザイン」「事業開発論テクニカルスキル」「アントレプレナーシップ基
礎」「アントレプレナーシップ応用」が提供され，受講生がVCや企業・地域か
らの支援を受けながら，東三河ビジネスコンテスト他，各地のビジネスコンテ
ストに挑戦し，ベンチャー企業や新規事業を興していくことが期待されている。

2.4　名古屋工業大学の取り組み

　名古屋工業大学では，「ものづくりの精神を基軸としながら未来を見据え，
イノベーションを起こすアントレプレナー人材のためのプログラム」を実施し
ている。産学官金連携機構は，組織型研究プロジェクトの企画・立案等を担う
「渉外部門」，共同研究や社会連携，人財育成プロジェクトの管理・運営を担う
「事業創造・人財育成部門」，学内の大型・共用教育研究設備の管理・利用促進
を担う「設備共用部門」の３部門で構成されている。2016年には名古屋工業大
学発ベンチャー称号制度が発足し，称号を受けた大学発ベンチャーのうち条件
を満たすものは学内のインキュベーション施設を使用することができる。学内
インキュベーション施設からは11社（2019年９月現在）の大学発ベンチャーが
生まれている。

2.5　三重大学の取り組み

　三重大学では地域イノベーション推進機構が中心となり，「地域イノベー
ションの推進に向けて，戦略的に展開する研究活動を支援・推進するとともに，
教育研究資源を活用した成果の社会還元と，地域の発展に寄与する人材育成活
動への支援」を行っている。キャンパス・インキュベータは2004年に設立され，
2019年４月時点では２社が入居し，16社の大学ベンチャーが生まれている。学

生への教育面では，東ワシントン大学アントレプレナーシップセミナーを同大学の講師を招聘して開催し，直近では第3回目のセミナーを2019年8月に行っている。

3 ┃ 名古屋大学・東海地区広域大学ファンド

3.1　設立の経緯

　2016年3月に，日本ベンチャーキャピタル株式会社（NVCC）は，東海広域5大学が有する技術シーズの事業化を目的として，名古屋大学・東海地区大学広域ベンチャー1号投資事業有限責任組合（名大ファンド）を設立した。NVCCの役割は，名大ファンドの無限責任組合員として，東海広域5大学に由来する①研究シーズによって起業したベンチャー，②研究成果を導入あるいは導入予定のベンチャー，③卒業生や在学生が創業または役員を務めるベンチャーに対して投資を行い，培ってきた経験ならびに企業ネットワークを最大限活用して経営全般にわたりハンズオン支援を行うことである。「NVCCと東海広域5大学は名大ファンドを通じて組合員とも密接に連携し，東海広域5大学に由来する急成長ベンチャー企業群を創出するとともに，東海地区のさらなる発展に貢献」するとプレスリリースされている（NVCC，2016）。無限責任組合員として日本ベンチャーキャピタル株式会社，有限責任組合員として株式会社愛知銀行をはじめとする金融機関が中心となっている。出資約束金額は18億円であり，最大25億円まで募集を行い，存続期間は2025年12月31日までとしている。

　東海広域5大学は，ファンド設置時にNVCCから受けた寄付金を原資に，①起業推進事業としてスタートアップ準備資金と，②起業家育成事業としてアントレプレナー連携教育資金を設け，公募型の資金支援事業とアントレプレナー教育を行っている。5大学は，本事業が軌道に乗ったのを契機に，2017年3月に「東海地区産学連携大学コンソーシアム」を構築し，ベンチャー育成事業のみならず産学連携全体の協力も視野に活発な活動を展開している。こうした取り組みによりベンチャー企業の起業や育成の気運は確実に盛り上がっており，

名古屋大学発ベンチャーはここ数年着実に増加している（一般社団法人国立大学協会，2018）。

2019年3月には，Beyond Next Ventures株式会社（本社：東京都中央区，代表取締役社長：伊藤毅氏，以下，BNV社）が，「名古屋大学・東海地区大学広域ベンチャー2号投資事業組合」（東海広域5大学2号ファンド）として設立された。BNV社のプレスリリース（Beyond Next Ventures，2019）によれば，その目的は，東海地区産学連携大学コンソーシアムを構成する東海広域5大学に由来するスタートアップへの投資とされている。BNV社は，アクセラレーターとしては国内最大のファンドを運用し，多数の技術系スタートアップへの投資と，その事業化・成長支援を手掛けている。

東海広域5大学2号ファンドは，ギャップ（起業前），シード，アーリーステージの東海広域5大学に由来する企業を中心とし，創薬，創薬支援，再生医療，医療機器，デジタルメディスン，ヘルスケアIT，予防ビジネス，食品，農業，化学・素材等，その他IT，宇宙，AI，ロボット他といった幅広いテクノロジー領域に投資を行う予定である。BNV社はこれらの活動により，起業準備から起業後のエクイティ資金の提供，事業成長までを一貫してサポートする予定であると公表している。さらに，東海広域5大学発のスタートアップおよび起業前のプロジェクトを対象に，「BRAVEアクセラレーションプログラム」と連携した，東海広域5大学発技術シーズ向けアクセラレーションプログラムを2019年5月に開催した。このようにBNV社は，資金提供以外の事業化支援にも積極的に取り組み，「BRAVEアクセラレーションプログラム」では，革新的な技術の事業化を目指す大学や研究機関などの研究者や起業家に対し，経営人材候補とのマッチング，事業化実現のための知識や人材ネットワーク・成長資金を提供する。2019年3月からは，大学等の技術シーズ・研究者に特化した共同創業者マッチングプラットフォーム「Co-founders」の提供を開始し，オンラインでのマッチング機会の提供と事業化サポートを提供する，大学発のイノベーションをサポートする有力な組織の1つである。

3.2 ファンドと大学の連携

名古屋大学（2015）によれば，名古屋大学・東海地区大学広域ベンチャー

図表5－1　名古屋大学・東海地区大学広域ベンチャーファンドの創設について

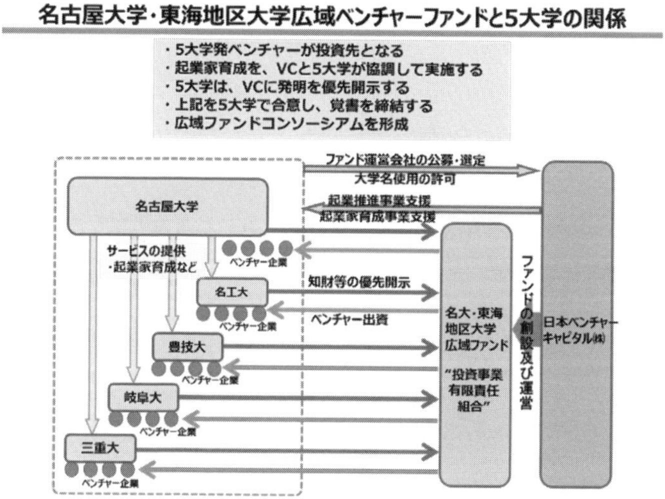

名古屋大学・東海地区大学広域ベンチャーファンドと5大学の関係

(出所)　名古屋大学（2015）より転載。

ファンドの創設および連携体制について，「NVCCが運営し，アーリーステージにある上記5大学のシーズ掘り起こしを行うとともに，大学の独自運営により研究シーズの育成を行うギャップファンド，研究者や学生のアントレプレナーシップ教育等を連動させることで，技術開発と人材育成の両面から，将来の東海地区の産業振興を見据えている」と説明されている（図表5－1）。

　また，東海広域5大学2号ファンドを運用するBNV社も，資金面以外にも，研究シーズ段階のプロジェクトへの事業化支援や，経営人材候補とのマッチングや経営知識や人材ネットワークの提供を行っている。

　具体的には3.4項で述べるが，VCから寄付を受けたギャップファンドを東海広域5大学によるギャップファンド委員会で活用方法を決定し，シード段階の知的財産をアーリーステージ段階に持ち上げるためのスタートアップ準備資金やアントレプレナーシップ連携教育資金として用いられている。

3.3　Tokai-EDGE（Tongali）プログラム

　2017年に次世代アントレプレナー育成事業に採択されたTokai-EDGE（TONGALI）プログラムは，東海地区産学連携大学コンソーシアムが母体とな

り実施してきたTongaliスクールを拡大する形で作られた。自らのアイデアや
技術で，世の中に変革をもたらそうとチャレンジする人材を育成するために，
「モチベーション」，「マインドセット，スキルセット」，「起業実践」，「産学連
携・オープンイノベーション」，「グローバル展開」についての授業を提供し，
専門分野における基礎能力を高め，イノベーションを創出できる人材を育成す

図表5−2 「Tokai-EDGE（Tongali）プログラム」と東海広域5大学の運用内容

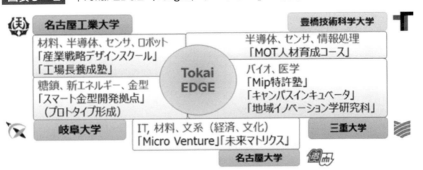

（出所）TongaliのHP〈http://tongali.aip.nagoya-u.ac.jp/8084/〉より転載。

図表5−3 Tokai-EDGE（Tongali）プログラム内容

Tokai-EDGEのプログラム内容

（出所）TongaliのHP〈http://tongali.aip.nagoya-u.ac.jp/8084/〉より転載。

ることを目的としている。これらの教育プログラムを中心にイノベーションが創出されるエコシステムを東海地区に構築していくことが目指されている。5大学におけるTongaliプログラムの運用内容は**図表5－2**に，プログラムの特徴と内容については**図表5－3**に示している。

　名古屋大学を主幹とし，協働機関として豊橋技術科学大学，名古屋工業大学，岐阜大学，三重大学の4大学，外部機関としてTechnology Partnership of Nagoya University, Inc.（米国），North Carolina State University（米国），IBEKA（People-centered Business and Economic Institute）（インドネシア），大阪大学などの国内外の大学・研究機関がある。そして，NVCC，株式会社エイチーム，朝日インテック株式会社，中京テレビ放送株式会社，株式会社名古屋証券取引所，株式会社OKB総研，セレンディップ・コンサルティング株式会社といった企業とも連携している。

3.4　ベンチャーファンドによる投資実例

　NVCCによる「名大ファンド」の投資先企業については，2019年9月末時点ではイグジットの実例はないが，名古屋大学の学術研究・産学官連携推進本部HPによれば，名古屋大学発ベンチャー称号授与企業は，2019年10月現在でAPTJ株式会社，株式会社PREVENT，株式会社U-MAPといった36社にのぼる。APTJ株式会社は名古屋大学の高田広章教授が2015年9月に設立した自動車の車載制御システム向けのソフトウェアプラットフォーム（自動車制御ユニット用の共通OS）の開発を行う企業であり，2016年5月には，NVCCなどを引受先とする総額約8億5千万円の第三者割当増資を実施している。2016年9月には，名古屋大学発ベンチャー第1号企業として認定されている。

　株式会社U-MAPは，名古屋大学の宇治原徹教授が取締役CTOを務める，2016年12月に名古屋大学キャンパス内に設立された工業材料開発企業であり，窒化アルミニウムを使用した高い放熱樹脂等の材料を用いた製品を開発している。2018年9月に，放熱新素材「AINウィスカー」の商業化を加速することを主目的としている企業であり，PRTimesによる報道では，NVCCより数千万円の資金調達が実施された。なお，BNV社による「東海広域5大学2号ファンド」による資金調達案件は，2019年9月時点ではまだ行われていない。

4 Tongaliプロジェクト

4.1 設立の経緯

Tongali（Tokai Network for Global Leading Innovators）とは，東海広域5大学（名古屋大学，豊橋技術科学大学，名古屋工業大学，岐阜大学，三重大学）による起業家育成プログラムである。TongaliのHPに記載されているビジョンをまずは紹介する。

ものづくりの集積地である東海地区では，産学連携は活発に行われてきましたが，大学発ベンチャーの設立は少なく，起業を目指す学生等も少数でした。東海地区を拠点とするイノベーティブな新規事業を生み出すことのできるトンガった人材を育成・支援するためにスタートしたのがTongaliプロジェクトである。2016年に東海5大学を対象としたファンドの創設を契機にプロジェクトが発進し，起業家教育の実施やビジネスプランコンテストなどの各種イベントを開催するとともに，スタートアップ準備資金やコワーキングスペースの整備を推進した。2017年度には，文部科学省「次世代アントレプレナー育成事業（EDGE-NEXT）」の採択を受けている。プロジェクトの運営は5大学協働で，各大学の得意分野の融合による相乗効果が発揮されている。また，5大学を含め，東海地区の大学の在籍者・卒業生であれば誰もが参加できるため，その結集による化学反応も期待できる。

さらに，Tongaliプロジェクトは，いわゆるヒト・モノ・カネ・情報を提供する。「ヒト」とは，メンターによる助言，実務支援等であり，「モノ」とは，各大学のインキュベーション施設等であり，「カネ」とは，各種の基金，ファンド等であり，「情報」とは起業に必要な情報，ノウハウ等である。また，中長期的には，ベンチャー企業を生む人材や資金が地域内でスムーズに還流するベンチャーエコシステムが構築されることである。そして，具体的な数値目標として，学生発ベンチャーが5年で数社程度イグジットすることを掲げ，大学発の新しいアイデアから生まれた事業が，東海地区，ひいては日本の産業の活性化と雇用の創出に貢献することを大きな目標として掲げている。

図表5−4　東海広域5大学の特色あるTongaliプロジェクト

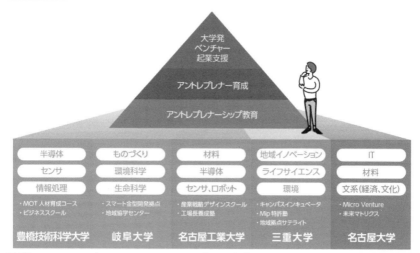

（出所）TongaliのHP〈https://tongali.net/about/〉より転載。

　また，Tongaliプロジェクトの資金調達は，大学発ベンチャーへの投資実績のあるVCと連携し，シード，アーリーステージからイグジットまでの支援を行っている。「名古屋大学・東海地区大学広域ベンチャーファンド」を創設したNVCCにより，「東海広域5大学ベンチャー起業支援：スタートアップ準備資金」が2016年度より投資を開始している。大学の基礎研究により生み出されたシード段階の知的財産を，商品として試作可能かどうかを検証するアーリーステージまで持ち上げることで，大学発ベンチャーの起業を促進することを目的とした，いわゆるギャップファンドの年間総額は1600万円程度であり，1件当たり200万円程度，年間採択数10件以内である。さらに，施設・設備としては，東海広域5大学にそれぞれインキュベーション施設が設置されている。支援者として，バイオからIT，投資の専門家まで，多種多様な経験と知識を持つ，国内外に幅広いネットワークを有する支援者（メンター）を紹介し，効果的な事業推進を支援している。それら各大学の特色は**図表5−4**に示されている。

4.2　事業の内容

　Tongaliプロジェクトの事業内容は，**図表5−5**に示すような段階を踏んで

図表5-5 起業家マインドの醸成，起業知識・スキルの習得，起業実践，オープンイノベーションと進むTongaliプロジェクトの支援体制

起業家マインドの醸成	起業知識・スキルの習得	起業実践	オープンイノベーション
Step1 **起業家マインドの醸成** 起業経験者と知り合い，考え方に触れるなど，起業家に必要なマインドセットを醸成します。	**Step2** **起業知識・スキルの習得** 起業に向けた実践的トレーニング。デザイン思考，起業のための知識やスキルを身に付け，アイデア創出からプレゼンテーション方法までを学びます。	**Step3** **起業実践** 得られたノウハウやスキル，ネットワークを基にPoC（Proof of Concept）を実施します。	**Step4** **オープンイノベーション** 起業に向けて国内外のネットワークを拡大。PoC後の具現化，企業とのマッチングを加速して，オープンイノベーションを実現します。
●各大学における講義・セミナー ●Tongali シンポジウム ●Tongali トーク	●Tongali スクール ●アイデアピッチコンテスト ●海外デザイン思考研修	●リーンローンチパッド名古屋 ●ビジネスプランコンテスト ●各大学のコワーキングスペース，インキュベーション施設利用 ●スタートアップ準備資金	●海外アントレプレナーシップ研修 ●Demo Day ●ベンチャーズトーク ●名古屋大学・東海地区大学 広域ベンチャーファンド ●大学発ベンチャー称号付与（名古屋大学）

（出所）TongaliのHP〈https://tongali.net/program/〉より転載。

の支援体制がとられている。

　Tongaliでの起業トレーニング・スケジュールは次のとおりである。まず，7月の「Tongaliシンポジウム」などで起業家マインドを醸成し，9月からの「Tongaliスクール」へと続く。「Tongaliスクール」では，起業の要となるアイデア創出／組織運営，知的財産，ファイナンスなどについて，ビジネスのデザイン，テクニカルスキルの習得，アイデアの事業化などの起業に必要なノウハウやスキルを段階的に身につけ，「アイデアピッチコンテスト」で自らのアイデアを発表する。アイデアピッチコンテストでは，幅広い起業プランを受け付ける。優秀賞を獲得したアイデアについては，6カ月をめどにマーケティン

図表5－6　起業トレーニング・スケジュール

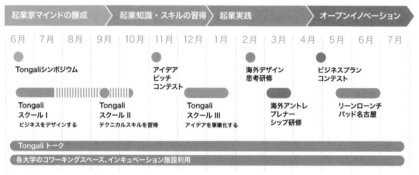

（出所）TongaliのHP〈https://tongali.net/program/training/〉より転載。

グ・検証等を行い，確度の高い事業計画に仕上げるための過程を学び，実践を目指す。また，優秀チーム5組には10万円の活動支援金を支給し，サポーター企業・団体からの特別賞も与えられる。海外でのデザイン思考研修では，デザイン思考を用いたワークショップを活用し，事業計画の策定手法を学ぶ。アイデアを事業化するための「Tongaliスクール」に加えて，1月から「リーンローンチパッド名古屋」を実施している。多くのセミナーや，教育プログラムが開催され，5月には1年間のトレーニングの集大成としてビジネスプランコンテストが実施される。海外アントレプレナーシップ研修も実施されている。これらのスケジュールは，**図表5－6**にまとめている。

4.3　ベンチャー企業支援の実績

　経済産業省（2019）によれば，名古屋大学のベンチャー企業の起業数は，大学としての支援を本格的に開始した2015年度から順調に増加しており，2017年度は81社，2018年度は76社が設立されている。さらに，2016年には名古屋大学発ベンチャー称号制度が発足し，名古屋大学とベンチャー企業との連携強化を打ち出している。2019年9月時点では，32社に名古屋大学発ベンチャー称号が授与され，3社に名古屋大学発学生ベンチャー称号が授与されている（**図表5－7**）。同様の取り組みを行う東海広域5大学の取り組みは第2節で説明したとおりである。

図表5－7 名古屋大学におけるベンチャー支援制度の全体像

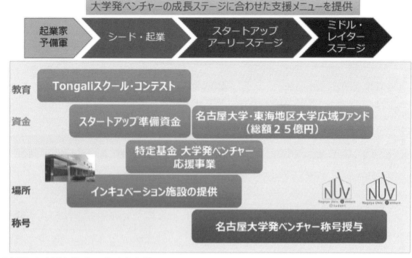

（出所）名古屋大学（2019）より転載。

5 ｜ おわりに

　本章で紹介した東海広域5大学の連携やTongaliプロジェクトによる取り組みから，イノベーション創出のためのエコシステムの構築にあたってのインプリケーションは何であろうか。以下では3点を指摘することとしたい。

5.1　東海広域5大学の連携と期待される化学反応

　Tongaliプロジェクトの運営は東海広域5大学の協働によるものであり，各大学それぞれの得意とする分野が融合することによる相乗効果が期待される。また，5大学を含め，東海地区の大学の在籍者・卒業生であれば誰もが参加できるプラットフォームであり，異なる大学の関係者が結集することによる化学反応が期待されている。

　特にリーダーシップをとる名古屋大学は，「NU MIRAI 2020」計画のもと，世界トップレベルの研究水準をさらに向上させるとともに，留学生，外国人教

員数の大幅な増加も目指している。日本を代表するような自動車や航空機など
の輸送機器産業，電子産業，素材産業などの世界有数の産業集積地にある機関
大学として，国際的にもインパクトを与えるイノベーションを起こすための研
究開発や人材育成を産学連携体制で牽引していくことが必要であろう。東海広
域5大学が地理的なアドバンテージを活かし，名古屋大学が指摘するように
「世界屈指の新しい大学群によるNext Society」を実現し，東海地区を国際的
にも「有数のTech Innovation Smart Societyとする転換に貢献する」ための
大学連携を核とした産業構造の変革や産学協働体制の深化により，イノベー
ション創出が起こることが期待される。名古屋大学が，他の4大学との協働体
制をどのように軌道に乗せていくかが成功の鍵となろう。

5.2　東海広域5大学とファンドの関係

　VCから寄付を受けたギャップファンドは，東海広域5大学によるギャップ
ファンド委員会で活用方法を決定し，シード段階の知的財産をアーリーステー
ジ段階に持ち上げるためのスタートアップ準備資金やアントレプレナーシップ
連携教育資金として用いられている。5大学にはそれぞれインキュベーション
施設が設置されており，起業支援者として，バイオからIT，投資の専門家まで，
経験と知識の豊富な国内外に幅広いネットワークを有するメンターを紹介し，
事業を支援している。

　大学の知的財産を用いてベンチャー企業へと繋げていくために，大学の基礎
研究で産み出されたシード段階の知的財産を商品化できるかどうかの検証を行
う。ギャップファンドの有効活用により，起業支援家の助力のもとで多数行い，
イグジットとして大企業によるM&AやIPOといった実例が積み上がるまで，
ファンドによる粘り強い長期的な支援が今後の成功の鍵となろう。

5.3　次世代アントレプレナー育成事業に採択された
Tokai-EDGE（Tongali）プログラム

　東海地区産学連携大学コンソーシアムが母体となり実施してきたTongaliス
クールを拡大する形で，自らのアイデアや技術で，世の中に変革をもたらそう
とチャレンジする人材を育成するためのさまざまな授業を提供し，イノベー

ションを創出できる人材を育成することを目的としているTongaliプログラム
の今後のさらなる発展が期待される。Tongaliプログラムを通じて，起業家マ
インドを育成する教育によるイノベーションが創出され，東海地区の産学が連
携し支援していくことで起業家マインドをもった卒業生が数多く輩出され，イ
ノベーションを起こすエコシステムを東海地区に構築していくことが期待され
る。

◆ 謝　辞

　インタビュー（2018年10月24日）およびその後のEメールを介した問い合わせ等
にも快くご協力いただいた，河野廉教授（名古屋大学　学術研究・産学官連携推進
本部　国際産学連携・人材育成グループ），鬼頭雅弘教授（名古屋大学　学術研究・
産学官連携推進本部）に心より感謝申し上げる。

◆ 参考文献・URL

一般社団法人国立大学協会（2018），「国立大学における連携・協働による取組事例
　　　集（大学向け），Ⅲ．産学連携・地域連携」3月。
経済産業省（2019），「平成30年度産業技術調査事業（大学発ベンチャー実態等調査）
　　　報告書」2月。
名古屋大学（2015），「名古屋大学・東海地区大学広域ベンチャーファンドの創設に
　　　ついて」10月。
名古屋大学（2018），「東海国立大学機構設立に向けた基本合意について」12月。
名古屋大学（2019），「名古屋大学の本格的産学連携に向けた取組（第10期産業連携・
　　　地域支援部会（第20回）2019年5月24日）」5月。
松尾清一（2019），「松尾イニシアティブ（NU MIRAI 2020）」について「名古屋大学
　　　の本格的産学連携に向けた取組（第10期産業連携・地域支援部会（第20回）
　　　2019年5月24日）」5月。
APTJ（2017），「APTJ株式会社当年度第2回目第三者割当増資を実施」10月。
Beyond Next Ventures（2019），「名古屋大学・東海地区大学広域ベンチャー2号ファ
　　　ンド設立に関するお知らせ」3月。
NVCC（2016），「名古屋大学・東海地区大学広域ベンチャー1号投資事業有限責任組
　　　合を設立」3月。

岐阜大学起業関連プログラム情報サイト〈http://www.sangaku.gifu-u.ac.jp/tongali/
　　index.html#torikumi〉
豊橋技術科学大学〈https://www.siva.tut.ac.jp/〉
名古屋工業大学産学官金連携機構〈https://tic.web.nitech.ac.jp/overview/〉
三重大学地域イノベーション推進機構〈http://www.opri.mie-u.ac.jp/〉

Co-founders〈https://co-founders.team/〉
Tongali〈https://tongali.net/〉
PRTimes〈https://prtimes.jp/main/html/rd/p/000000001.000037470.html〉

WEBの情報は，原稿執筆時の情報に依拠している。

第6章
九州大学

全国的なロールモデルになる
アントレプレナーシップ教育

―学部横断専門教育組織と
部活動を通じた起業マインド育成―

1 | はじめに

　起業する際は何か新たな商品やサービスを開発するが，今日においてはインターネットやIT技術が介在しないものを作る方が難しいかもしれない。一方，シリコンバレーでの起業模様を面白おかしく描く人気ドラマ「Silicon Valley」でも登場するが，いざ事業化をしようとすると，ビジネスが理解できる人材が必要となる。ドラマ「Silicon Valley」では，インターネットやIT技術に詳しいいわゆるテクノロジーギーク（オタク）たちが商品のテスト版を作ったものの，資金調達や収益予測など，いわゆる経営知識が足りずに困った結果，新たなチームメンバーを外部から招くところから物語は始まる。このように，起業には，異なるバックグラウンドを有する人材が1つのチームとなることが求められる。理想的にはそれぞれのメンバーが，専門分野は異なるもののお互いの領域についての最低限の知識や用語を知っておく方が良い。特に経営者たる存在は，起業時に直面するさまざまなことに対応できるように，起業にまつわる幅広い領域について，一通りの理解，見識を有しておくべきである。

　したがって，大学の1つの学部だけでアントレプレナーシップ教育を実践するのは，実質的に無理である。いくつかの学部や研究科が共同で実施することが求められよう。例えば，スタンフォード大学では，教育大学院と経営大学院でのジョイントプログラムが存在する。教育と経営という，かつてであれば全く関連性のないと思われたこれら領域だが，そこでは教育関連のベンチャー企業の事業プランの作成や教育改革案の作成とパイロット導入などが行われている。新事業の開始や既存事業の改革にはその費用対効果を見極める必要があるし，組織を効率的に動かす必要もある。その際，収益分析や組織行動論，あるいはリーダーシップ論という従来は経営学の範疇である知識やスキルが求められる。このように，起業に限らず，なんらかのイノベーティブな取り組みを行う際にはアントレプレナーシップの要素が必要となり，それを大学で体系的に教育することはますます重要となっている。

　一方，日本の大学での現状を見てみると，スタンフォード大学のように複数の学部や研究科で共同プログラムを実施している事例は，アントレプレナー

シップ教育に限らず，ほぼ見られない。これは日本の大学の学部の縦割り意識の強さが影響しているのかもしれないし，文部科学省のスタンスの問題なのかもしれないが，そこに日本流の現実的なアプローチを実践している大学として九州大学が存在する。アントレプレナーシップ教育を担う専門の組織が大学横断的に存在し，起業部という起業を専門にする部活動も行われている。加えて，立地する福岡市は，市長自らがアントレプレナーシップによる地域活性化を掲げている。活発なアントレプレナーシップ活動には，それを支えるエコシステムが必要かつ重要であり，その点，産官学一体でのまちづくりに根ざしたアントレナーシップ活動を行っている九州大学の事例は，他の大学，地域にとって多くの示唆を得ることができよう。本章では，それらの各取り組みを概括する。

　以下，第2節では，同大学の学部横断的な組織によるアントレプレナーシップ教育の中身について，ロバート・ファン／アントレプレナーシップ・センター（QREC）の取り組みを紹介する。同センターのプログラムは，学部，大学院，そして文系，理系問わず幅広い層を対象にしている。そして，第3節では起業部の活動を紹介する。この大学公認の部活動は，より実践面に重きを置いている。これら2つの存在は，同大学の起業教育をユニークなものにたらしめている。そして最後に，第4節でまとめと総括をする。

2 ┃ 九州大学ロバート・ファン／アントレプレナーシップ・センター（QREC）

2.1　設立の経緯と概要

　九州大学が2011年に100周年を迎える際に，同大学の卒業生であるロバート・ファン氏（Dr. Robert Huang）がアントレプレナーシップ教育を目的とした寄付金を1億円大学に提供したことで，同センターは設立された。ロバート・ファン氏は，台湾からの留学生として九州大学で学び工学部卒である。卒業後，アメリカに渡りロチェスター大学で工学博士，MITスローンスクールでMBAを取得した。その後，AMD（Advanced Micro Devices）に入社し，1980年にSYNNEX Corporationを創業し，同社は2003年にニューヨーク証券取引所に上場を果たす。2004年にはハイテク産業で最も栄誉ある米CMP MediaのCRN誌

「Industry Hall of Fame」の殿堂入りをした。九州大学からより多くの起業家を輩出してほしいという同氏の願いのもと，アントレプレナーシップ教育を目的とした寄附金が提供された。

　九州大学では，それより前の1997年よりチャレンジ＆クリエイション（C&C）という活動が全学事業として行われていた（現在も継続中）。これは，学生，大学院生（留学生含む）が，独創的でイノベーティブな発想を事業化するにあたり，大学が助成と実行のサポートをするものである。1プロジェクトにつき最大で50万円が支給されるもので，これが九州大学における起業家教育の萌芽となっている。その後，九州大学は2003年にビジネススクール（MBA）を開講し，社会人も含めた起業家教育の基礎を形成しはじめた。

　QRECの設立にあたっては，国内外のアントレプレナーシップ教育プログラムの調査を実施している。調査した先は，国内では，立命館大学，海外ではMIT，スタンフォード大学，カリフォルニア州立大学，バブソン大学，レンセラー工科大学（以上アメリカ），ケンブリッジ大学（イギリス），チャルマース工科大学（スウェーデン），ザンクトガレン大学（スイス）であり，2009年にはMITの，2011年にはスタンフォード大学の視察も行っている。これらをベースに日本および九州大学の実情に即したアントレプレナーシップ教育プログラムを設計し，提供するに至っている。上記調査を行った大学の中では，バブソン大学とザンクトガレン大学は文系の大学であり，二世経営者の養成という側面を有するため，理系を抱える九州大学とは状況が少し異なる。よって，それらのプログラムからは参考にできる部分のみを参考にしている。九州大学は，学生のおよそ7割が理系の学生であり，学部生，大学院生の割合はほぼ半々（学部生の方が少しだけ多い）という状況である。したがって，九州大学では理系メインの技術ベースの起業家養成のカリキュラムをつくるべきという認識を有するようになったとのことである。スウェーデンのチャルマース工科大学でのチャルマース・スクール・オブ・アントレプレナーシップが，テクノロジーベースのアントレプレナー養成の2年間の修士課程プログラムであるが，これがもっとも九州大学の必要とするモデルに近いであろうということで，実質的にはその中身の移植をしようとしている。

　加えて，九州大学にはデザイナーを養成する芸術工学部（デザインスクール

に該当）も存在するため，大学としてはアントレプレナーシップ教育機関，ビジネススクール，デザインスクールを有し，これは現代求められるアントレプレナーシップ，イノベーションの教育と実践を行う上での九州大学の強みとなっている。

　そのようなQRECのプログラムの特徴は以下の6つにまとめることができる。

1. 体系的かつ段階的に構成された総合的なアントレプレナーシップ教育プログラム
2. 学部横断的に開講。かつ学部学生，修士課程，博士課程，専門職大学院課程まですべての学生が履修可能
3. 一定数の単位取得が可能
4. 科目は，総合科目，高年次共通科目，大学院共通科目で構成され，卒業・修了要件科目に組み込み可
5. 一定の科目履修者にはQRECの修了証明書を付与
6. 単位取得可能な正規科目群とそれを補完するプログラムで相互補完的にデザイン

　これらから分かることは，履修のハードルを下げつつも，その中身の質は充実させ，かつ，大学の各学部のカリキュラムとの親和性を追求することで，参加者のダイバーシティを確保し，効果的なアントレプレナーシップ教育を施そうとしていることである。

2.2　QRECの授業内容と授業の進め方

　QRECの授業は大きく分けると，基礎系科目と総合系科目から構成されており，前者は共通基礎科目群とその他の応用科目群に分かれている。基礎系科目の中の応用科目群以降は，主に学部3年生〜大学院生，社会人学生を履修者として想定している。興味深いのは，応用科目群では学部生，大学院生がともに同じ授業を履修する点である。受講生のダイバーシティはイノベーションにとって重要であり，スタンフォード大学でも同様に学部生と大学院生が同じ授業を受講することは珍しくない。

図表6－1 QRECの提供カリキュラム

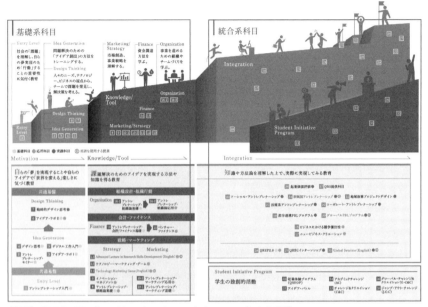

（出所）QRECのHP〈http://qrec.kyushu-u.ac.jp/program/〉から転載。

　2018年時点では合計32科目を提供しており，体系的に，基礎，応用，実践を学年に合わせて開講している。最初はアントレプレナーシップ，イノベーション，マーケティングなどを座学で行い，応用はケーススタディが中心で，グループでの演習が主になる。実践は，個人とチームによるプロジェクトベースラーニング（PBL），アクションベースラーニングとなっていく。イメージとしてはホップ・ステップ・ジャンプであり，その全体像の概念はザンクトガレン大学から示唆を得たとのことである。なお，科目間を横串で通すイメージでは，Idea Generation（アイディエーション），ベンチャーファイナンス，マーケティング，ストラテジー，エフェクチュエーション，リーンスタートアップ，オーガニゼーション（チームビルディング）という形になっており，これはバブソン大学のカリキュラムからの示唆だそうだ。また，科目群は大きく3つのグループに分けることも可能であり，それらは知識・ツール，モチベーション（気付き，創造性の伸長），インテグレーション（知識の統合および全体化）であり，

このグルーピングはチャルマース工科大学からの示唆とのことである（図表6
－1）。

　学生にとっての単位換算上は，それぞれの専門科目以外で卒業認定単位とし
て4科目までの算入が可能となっている。今回インタビューに応じてくれた副
センター長の五十嵐伸吾准教授によると，単位に算入されるかどうかは学生ら
の履修のインセンティブにはなっていると思うものの，逆に，単位は要らない
けど面白いから履修するという者が結果的に多いとのことである。なお，授業
は常にグループワークをして，学生がプレゼンテーションをする形式を取るた
め，1コマ90分ではなく3時間で実施されている。センターの専任教員は5人
であり，応用，実践科目群を担当している。その他，外部の非常勤講師や他の
学部の教員も講義を担当することでプログラム全体が成立している。

2.3　QRECの学生支援プロジェクト

　QRECでは，授業以外にも学生たちの事業化支援をプロジェクトとして積極
的に行っている。Students Initiative Projects（SIP）と呼ばれており，全体像

図表6－2　QRECの学生支援プロジェクト（Students Initiative Projects:SIP）

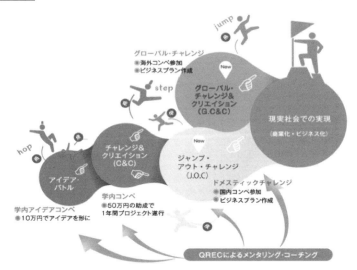

（出所）QREC副センター長の五十嵐伸吾准教授のプレゼン資料より転載。

は**図表6－2**のとおりであるが，アイデアバトルは，1分間のビジネスプラン
のピッチコンテストで，良いプランには各10万円の予算を付けて，フィージビ
リティスタディとプランのブラッシュアップを行っていく。年に2回実施し，
1回当たり約10件採用している。QRECは，ブラッシュアップの過程でメンタ
リングをし，その後に内外の各種ビジネスプランコンテストに送り出す。

チャレンジ&クリエイション（C&C）は上でも少し紹介したが，実際に事業
をするための運転資金，活動資金として提供される予算である。1プロジェク
ト当たり50万円，毎年8件で年間400万円であり，1997年から開始されている
ので，これまでに総計1億円程度が投じられたことになる。なお，後述してい
く起業部の最初の立ち上げもこの予算で可能となった。

これらの素地の上に，国内のビジネスプランコンペへの応募としてジャン
プ・アウト・チャレンジや，海外のコンペ参加としてのグローバル・チャレン
ジ&クリエイションなどのプログラムが存在し，それぞれにおいてQRECがメ
ンタリングの役割を果たしていく。実際に起業した事例も登場しており，株式
会社日本風洞研究所（スポーツ専用風洞試験システムなどの特殊風洞や新型風力発
電機など，最先端の流体機械を開発・製造）や株式会社糸島ジビエ研究所（産学
官連携事業としてイノシシなどの獣肉の一次処理・精肉および加工・販売）などが
ある（**図表6－3**）。1997年以降これまでに総計2000名弱の学生たちの参加があ
り，すぐに起業しなくとも彼らが社会に出た後のアントレプレナーシップマイ
ンドの醸成に寄与していることは間違いない。また，九州大学はシリコンバ
レーオフィスも有しており，海外のビジネスプランコンテストに参加すること
の心理的ハードルは，他大学の学生よりも低くできる。

2.4　今後のQRECの挑戦

すでに上記SIPにおいても海外留学生も参加しているとのことであるが，今
後はより海外との連携を進めていきたいとのことでさまざまな取り組みを開始
している。1つは，文部科学省のEDGE-Nextの予算をもとにした，他の大学
と混成プログラムの実施である。例えば，留学生や海外の学生も全部英語で実
施するサマーキャンプである。今後は，チャルマース工科大学など，海外のア
ントレプレナーシップ教育が充実している大学から学生らを福岡に送ってもら

図表6−3　QRECの学生支援プロジェクト（SIP）からの起業事例

（出所）QREC副センター長の五十嵐伸吾准教授のプレゼン資料より転載。

い，１週間かけて福岡のスタートアップ企業でプロジェクト解決提案をするなどを企画している。ただし，その場合，日本の大学と海外の大学の長期休暇期間（スクールイヤー）がネックになるとのことで，このような話からも日本のスクールイヤーの国際化は真剣に議論の必要があろう。

　他には，九州大学の特徴であるビジネススクールとデザインスクールとの融合的なプログラムの発展が挙げられる。特にデザインスクールについては，スタンフォード大学での取り組みが有名であるが，ビジネスの現場ではデザインの重要性がますます浸透しており，その点，九州大学はフロントランナーになれる可能性を秘めており，今後の取り組みが注目である。

3 ｜ 九州大学起業部

3.1　設立の経緯と概要

　九州大学は，2017年６月23日に学生ベンチャーの創出に向けて大学公認の「九州大学起業部」を設立した。設立を主導し，起業部顧問に就任した熊野正樹准教授（九州大学学術研究・産学官連携本部ベンチャー創出推進グループ准教授）によれば，設立の背景は以下となる。まず，前節で見たように2010年にQRECが設立され，全学的にアントレプレナーシップ教育を推進しており，30科目を超える講義科目の開設や，学生の自主的な取り組みへの支援（C&Cなど），加えて九州大学独自のシリコンバレーへの短期留学プログラムなどを通して，学生ベンチャー創出の機運が高まっていた。これらの成果として上述のとおり，2016年度は２社の学生ベンチャーが誕生し（日本風洞製作所，糸島ジビエ研究所），起業を志す学生も増加傾向にあった。そこに，学生有志による自主的な学生課外活動である「起業サークル」設立の申し出があり，QREC公認のもと専任教員が顧問に就任し，本格的なベンチャー起業家育成を目指す「九州大学起業部」設立に至った。設立時に掲げた目標は，10年で50社の学生ベンチャーの創出，そしてそのうち５社の株式上場であった。

　部活動の内容は，「野球部が野球をするがごとく，起業部は起業することを理念に活動しており，したがって，入部条件は，学生起業の意志がある九州大

学の学生（大学院生を含む）とし，学生時代に起業する意思のない学生の入部は認めていない。なぜならば，起業部に入部して起業しないということは，野球部に入部して野球をしないといっているに等しいからである」（熊野，2019）となっている。起業部では，チームでビジネスプランを作成し，国内外のコンテストに応募しながら，中身をブラッシュアップし，起業に向けて実践的な活動を行っている。熊野氏のほか，国内外の一流の起業家やベンチャーキャピタリスト，弁護士，公認会計士といったベンチャー支援の専門家を50 名ネットワーク化し，起業支援を行っている（熊野，2019）。

　上のQRECのところでも指摘したが，九州大学には2000名を超える研究者が存在しており，技術と研究資金は存在する。しかし，肝心の起業家が存在しなかった。一方，起業に関心のある学生が多数いたということで，それらのマッチングプラットフォームの役目もこの起業部は果たすことになった。設立当初は150名の部員が入部し（部費は１人当たり年間１万円），起業部の結成式には大学総長も参加するという力の入れようである。

3.2　起業部の活動の内容

　起業部の部活内容は大きく３つに分けられる。１つは，起業の基礎知識のインプットであり，例えば資金調達局面における投資と融資の違いや，ベンチャーのエコシステムについての知識を得ることである。２つは，それらインプットを生かす実践の場としての，ビジネスプランコンテストへの応募（国内外）である。コンテストを通してプランをブラッシュアップし，メンターによる指導のもと，試作品（プロトタイプ）を開発していく。中には，活動資金が必要になることもあろう。そこで，起業部では一般社団法人QUベンチャーズを2017年に設立している。これは，企業から寄付を募るもので，学生は新製品やサービスの試作品開発に寄付金を活用できる。そして最後が実際の起業である。なお，活動は，毎週月曜日と木曜日に部員全員が参加する定例ミーティングがあり（３時間），他の曜日はチームごとに活動をする。

　起業をするにはネタが重要となる。当初は学生たちが独自でビジネスのネタを探してくることが多かったようであるが，最近では，学生が理系の研究室から仕入れてくるケースが増えているとのことである。本来，各研究室でどのよ

うな研究がなされていて，その中から事業化できそうなシーズを発掘してくるのは産学連携本部，あるいはベンチャーキャピタルなどの所管ではある。しかし，研究者にとって，研究の事業化は必ずしも最優先ではないため，それら事業化を目的とする人間に自らの研究内容を説明することにはあまり関心がない。むしろ研究に没頭していたい。これが，日本の大学の研究シーズがなかなか事業化につながらない1つの理由でもあるが，起業部の学生たちが「教授の研究内容を勉強させてください」と言って訪問すると，多くの研究者は快く研究内容を説明してくれるとのことである。これは，熊野准教授の説明によると，学者は研究と教育の2つの帽子をかぶっているが，学生が訪問すると研究者が教育者に変身し，丁寧に研究内容を説明してくれるそうである。そして，いざ学生が研究シーズを事業化しようとすれば，真剣に応援してくれるそうである。これは，これまでの産学連携やVCと大学との関係性ではなしえなかった盲点であろう。そこで，起業マインドはもっているものの，事業のネタ探しに困るような学生の場合は，まずは九州大学の中で行われている研究を調べるようにという課題を出し，その中でビジネスに繋がりそうなものについてビジネスプランを練るということをしているそうである。これは，リサーチと事業立案というプロセスの擬似体験にもなるため，最初の良いトレーニングにもなる。なお，起業部の部員構成は文系が約3割，理系が約7割ということで理系学生が多いことも，そのようなアプローチを可能にしていると言えよう。

　そして，これら学生によるビジネスシーズの発見は，大学にとっては産学官連携の仕事にもつながっていくという，大学にとってのシナジー効果もある。また一方で，最近では教員から技術を起業部に持ち込んできて，学生と一緒に事業化したいという事例も出てきたとのことで，この形式は今後増えてくると思うと熊野准教授は話す。

3.3　起業部の実績

　熊野（2019）によると，起業部からの起業第1号は九州大学起業部設立後，半年の活動期間を経て，2018年1月に立ち上がったメドメイン株式会社である（**図表6－4**）。メドメイン株式会社は，福岡に拠点を構える九州大学発の医療ITのスタートアップであり，九州大学医学部4年生（当時）の飯塚統氏が代表

図表6－4　起業部の起業第1号会社メドメイン株式会社の沿革

2017年6月	創業メンバー　九州大学起業部入部
2017年11月	Live Sharks Tank（米国）優勝，Asian Night（米国）準優勝
2018年1月	メドメイン株式会社設立（本社：福岡市，代表：飯塚統）
2018年5月	Medmain USA Inc.（米国法人）設立 Startup Thailand 2018　出展 Latitude 59 Estonian Award（エストニア）優勝 エストニアのユリ・ラタス首相と会談
2018年6月	総理大臣官邸にて，安倍総理大臣にプレゼン
2018年8月	VCより1億円の資金調達 広島オフィス設立
2018年10月	病理画像診断ソフト「PidPort」α版リリース
2018年11月	東京オフィス設立
2018年12月	経済産業省「飛躍Next Enterprise」採択

（出所）熊野（2019）より転載。

取締役を務める。同社では現在，国内外の複数の医療機関と共同で人工知能（Deep Learning）による病理画像診断ソフト PidPortの開発を行っている。本ソフトの提供により，病理医が慢性的に不足する現状を打開し，世界中の誰もが高精度で迅速な病理診断を受けられる環境の実現を目指している。

　同社の陣容としては，医学部の学生が医療系のサービス，病理の画像診断ソフトサービスのビジネスアイデアを考えた。彼自身もプログラミングはできるが，工学部の学生がAIの知識を持ってきてプログラマーとしてチームに入り，芸術工学部の学生がデザインを担当し，経済学部の学生がCFOをやるというチーム編成になっている。まさに総合大学ゆえのチーム構成と言えよう。

　その後も同社以外にも次々と起業がなされ，九州大学起業部の主な起業プロジェクトリストは**図表6－5**のとおりである。これらの多くは国内外の主要なビジネスプランコンテストでさまざまな賞を受賞し，またNEDOのプロジェクトとして採択されるなどしており，着実に実績を積み上げている。そして，2019年10月現在での起業数は15社にのぼっている。

3.4　大学で起業することのメリット

　起業は，ヒト・モノ・カネの手当てができれば場所は問わないはずである。

130

図表6－5 九州大学起業部の主な起業リスト

problock
小学生向けプログラミング玩具の開発・販売
メンバー
松本(工3)／阿部(工3)／村川(工3)／冨田(芸1)

我々は、レゴブロックのような物理的なブロックを繋ぐことで簡単にプログラミングを学べるスマートトイの開発・販売を行う。ターゲットは小学生であり、我々の製品でプログラミングのスキルの他に問題解決力と逆算思考力も培うことができる。本事業により、非常に困難であった「自宅で小学生が自主的にプログラミングを学ぶ」ことを可能にして大きな市場を獲得する。

Healtz
オンライン・ファーマシー事業
メンバー
松原(農D1)／徳丸(工2)／山内(経M1)

本ビジネスは、オンライン上で顧客と薬剤師とマッチングさせ、ビデオ対話による健康相談と情報提供を通して、各人に適切な市販薬・健康食品・サプリメントを推奨するサービスを行う。同一プラットフォームで、医薬品等の購入、利用者の相談内容・健康情報の管理までを一元的に完結させる。本ビジネスにより、人々が正しいヘルス・リテラシーを獲得し、セルフメディケーションを基本とする世界を作る。

WPS
ワイヤレス給電式の体内植込み型医療機器の開発・販売
メンバー
成重(工3)／今福(経1)／大森(工1)／橋爪(農1)／平澤(経1)

ペースメーカーなどの体内植込み型医療機器を利用している患者は、機器の電池に寿命があるために数年に1度、機器そのものの交換手術が必要であり、精神及び身体の大きな負担となっている。そこで我々が開発し、医療施設に販売するのは体外から充電するというものであり、その交換手術を無くすことができる。それにより患者の心身の負担、手術費・入院費の負担、手術が原因の感染症に対する不安、日本の医療財源の負担を大幅に減らすことができる。

MOFilt
日本酒のえぐみ除去フィルターの開発と販売
メンバー
河口(工M1)／大坪(理D2)／今津(経1)／岡本(工1)／高岡(経1)／川端(工D3)

我々は九州大学の特許技術を用いた「日本酒の老香(ひねか)除去フィルター」の開発を行う。本事業では日本酒に対する「ボトルキープができない」という認識を覆し、長期保存可能な日本酒を提供できる。居酒屋や一般家庭、さらに輸出用の日本酒で使用されることを想定しており、当フィルターを販売することによって収益を得る。

PLACTHICS
浅海底3Dマップによる情報提供事業
メンバー
田村(工2)／冨田(芸1)／松本(農1)／ボン(工1)／松下(芸1)

海のレジャーを楽しむ人、特にダイビングをする人たちに、海レジャーの安全性を高め、さらにまだ活かされていない海の観光資源を掘り起こすために、浅海底の3D地図を用いた海の正確な情報と、同じ趣味を持った人々が繋がれるプラットフォームサービスを提供するアプリケーションの開発をするビジネス。

nanoFreaks
半永久稼働可能な紛失防止シールと位置管理アプリの開発・販売
メンバー
千葉(理M1)／中村(経済3)／成田(芸3)／高倉(経1)

大切なものを紛失したくない人々に、その不安を、「半永久稼働可能な紛失防止シールと位置管理アプリの開発・販売」によって完全に解決する。既存品はバッテリー式(約一年稼働)であり、本質的に不安を解決できていない。そこで、九州大学特許技術のワイヤレス給電技術を用いて上記課題を完全に解決する。

OptiWave
脳波計を用いた集中度マネジメントシステムの開発と提供
メンバー 竹内(生M2)／安田(経4)／内海(理3)／尾木(工2)／
小山(理1)／小出(経1)／吉田(経1)

我々は、受験を控えた高校生に対し、脳科学を用いた集中度数値化／マネジメントシステムを全国の既存の塾、予備校の自習室を通して提供する。本事業によって、学習者が集中度の変化を数値で理解でき、集中度が低い原因や高くできる環境を調整できるようにし、集中が紛れず勉強が捗らないという課題を解決する。

GAiTE
次世代の生体認証を用いた利便的高度物理セキュリティシステムの提供
メンバー
吉野(工4)／北井(経3)／赤瀬(経1)／山内(経M1)

歩き方と容姿による、次世代の生体認証である「歩容認証」を用いて、利便的かつ高度物理セキュリティソフトウェアの開発・提供を行う。私たちの最終目標は、この技術を用いたシステムを社会に浸透させ、日本・世界の物理セキュリティレベルを引き上げることである。収益はセキュリティシステムのソフトウェアを提供し1年ごとに使用料を頂く。

（出所）学術研究・産学官連携本部ベンチャー創出推進グループの熊野正樹准教授のプレゼン資料より一部抜粋し転載。

ならば，大学の中で部活動として起業に取り組むメリットはなんであろうか。これについては，起業部の事例からは主に2点を挙げることができる。1つは大学の保有する機材である。最近のビジネスプランコンテストでは，プロトタイプ（試作品）の作成はほぼ必要条件となりつつある。場合によってはそれ以上の実機を作ってくる事例も登場している。プロトタイプなどを作るには，ラボが必要であるが，九州大学に限らず，総合大学であればある程度のラボは学内に存在する。また，3Dプリンターや，場合によってはスーパーコンピューターさえも学内に存在し，学生たちはそれらへ実質的に無料でアクセスし，活用することができる。これは大きなメリットである。これまで学内の各研究者が研究費を獲得し，充実させてきた機材は起業家にとっては宝の山になり得るのだ。その意味では，学内の設備リストの整備は今後重要になろう。

　もう1つはメンターの存在である。九州大学の起業部では，主に顧問の人脈で50名ものメンターを確保しているが，彼らは基本的に手弁当でメンタリングを行っている。もっとも，学生たちが起業した暁には，出資する，顧問弁護士になるなど，なんらかの経済活動をともにすることで，将来的には手弁当分を回収できる可能性もあろう。ただ，ここで重要なことは，それらメンターの陣容は，九州大学という教育機関の起業部のメンターになることを社会活動，社会貢献の一部と認識しているが故にメンターになってくれているのであり，だからこそ学生たちは彼らにアクセスすることが可能となっている。1つの独立したベンチャー企業が，突然コールドコールでそれらメンター陣にアクセスを試みようにも，そのハードルは相当に高く実質的には不可能であろう。

　また，この起業部の取り組みは，顧問の熊野氏が伝道師となる形で，立命館アジア太平洋大学や，京都，富山などさまざまなところで同様の取り組みが巻き起こっている。全国に起業部が立ち上がっていけば，起業部同士の切磋琢磨の場が登場し，議論される内容，作られるビジネスプラン，そして，サポートする陣容のすべてのレベルが上がっていくはずである。その中の一員として起業活動に取り組むことができれば，特に地方でこそメリットは大きいであろう。

3.5　九州大学と起業部の関係

　この起業部の取り組みは，他大学にとっても非常に刺激的かつ示唆に富む内

容である一方，大学という比較的柔軟性の乏しい組織の中で，どのような位置
付けになっており，大学からはどのような支援を受けているのかが気になると
ころである。関係は**図表6-6**のとおりであるが，前出のQRECと学術研究・
産学官連携本部が起業部の活動を支援していることが分かる。QRECは主に教
育を担い，その実践を起業部で担当するという棲み分けと，学術研究・産学官
連携本部は大学の研究成果をもとにした起業活動を後押しするということにな
る。そこにメンター集団と外部資金提供元としてのQU Venturesが存在するこ
とになる。

　起業部のスムーズかつ効果的な活動という意味では，必要最低限のスキーム
は出来上がっていると言えよう。一方，一点気になるのはアントレプレナー
シップのエコシステム形成への寄与，具体的には資金循環である。現状のス
キームでは，起業部から輩出された成功企業が登場しても，研究からのライセ
ンス収入という従来型の収益以外には，九州大学自体にその資金的な成果は還
元されることはない。したがって，起業部の活動を維持，あるいは拡大してい
こうとすれば，QU Venturesからの資金のパイプを太くしていく必要がある
が，それは企業の寄付に依存し続けることを意味する。政府から大学への研究
資金が枯渇していく中で，大学が独自財源を有し，次世代研究のための投資を
行っていくことは大学の力を引き上げる上で非常に重要である。例えば有名な
事例では，スタンフォード大学はグーグルの株式を保有していたが，同社が上
場した際にそれを売却し約400億円を手にしている。この点，大学が直接投資
できる形式を導入するべきではないかと熊野氏に質問したところ，同じ問題認
識を抱えていた。実際，こういう仕組みの持続と拡大には資金が必要である。
企業は大学に寄付をする際，株主への説明責任が発生するが，寄付をするより
九州大学にベンチャー投資ファンドをつくってもらい，そこに投資する方が説
明しやすいという意見も現場ではよく聞くそうである。

　起業部で0を1にするという最も大変なところの面倒を見て，利益的なおい
しいところは全部東京のVCに持っていかれるという構図では，大学の世界的
なプレゼンスの向上にもつながらない。今後ますます巨大化していくであろう
各種AI，IoT，バイオ，医療研究の資金源としての活用も真剣に考えるべきで
あろう。シードアクセラレーター的に起業家を集めて教育をしてお金も入れて，

図表6－6　九州大学と起業部との関係

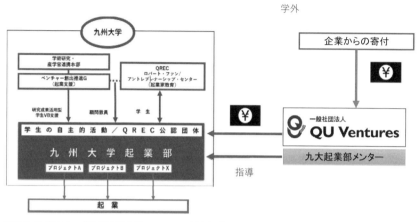

(出所)　学術研究・産学官連携本部ベンチャー創出推進グループの熊野正樹准教授のプレゼン資料より
　　　転載。

正当なリターンを得て，また次の活動に生かしていくというエコシステムの形
成こそが重要である。大学が利潤を得ることへのアレルギー反応が一部に存在
するが，イノベーションエコシステム形成による大学と地域の活性化には，こ
れまでにはない柔軟な発想のもとでの創意工夫と仕組みが必要である。

　なお，熊野（2019）によると，九州大学の起業部は，福岡市の中心地にある
官民共働型スタートアップ支援施設Fukuoka Growth Nextに拠点をおいてい
る。同施設は，福岡市のベンチャー・エコシステムのハブとして機能しており，
九州大学起業部もここに集うスタートアップ，大企業，専門家，行政等と連携
した活動を行っているとのことである。大学発ベンチャーを考える際，それが
大学の中だけに閉じられた状態だと，地域におけるイノベーション，アントレ
プレナーシップのエコシステムの形成に繋がりにくい。その点，このような産
官学の拠点の存在は大きい。もっとも，学生たちにしてみると，授業の合間に
集えるスペースという意味では学内にもそのような場所が必要なため，うまく
中と外のスペースを使い分けていく必要があろうが，活動の見える化はエコシ
ステム形成上重要である。

4 おわりに

以下，本章のまとめとして，九州大学の事例から他の大学への示唆として3つを指摘したい。

4.1 継続は力なり

九州大学のイノベーション，アントレプレナーシップエコシステムは，本章で見てきたように，長い歴史の積み重ねの上に今の形に到達している。元は，1997年に始まった学生の事業活動資金を提供するチャレンジ＆クリエイション（C&C）であるが，研究資金ではないお金を50万円たりとも拠出することは当時の国立大学の環境的には相当なチャレンジであったはずである。今でも，日本の大学において学生の活動資金，事業資金を拠出することは容易ではない。この点，九州大学自体のチャレンジ精神が，その後の学生たちのアントレプレナーシップ性を引き出したとも言えよう。そして，ビジネススクールの開設，デザインスクールの取り込み（九州芸術工科大学との統合），QRECの設立，そして起業部の設置と，年を追うごとにパズルのパーツがうまく組み合わさってきた状況になっている。今後は，これらパーツ間のシナジーを十二分に発揮し，さらに高みを目指していく（特に海外市場を含めて）ことが求められよう。他大学にとっての参考としては，スモールスタートで構わないのでまずは起業教育，実践の場の提供を始めてみること，そして継続することが重要ということになる。

4.2 総合大学の取るべき戦略とそれ以外の大学が取るべき戦略

他の地域，大学が九州大学の事例から学べることを考えるに，同大学のようなフルラインアップ戦略を採用できる大学は日本では多くても15－20程度であろう。逆に言えば，それら20ほどの大学は，このような取り組みを積極的に模倣し，良いところは見習うべきである。一方，それ以外の地域では，他大学との連携や，第9章で登場する会津大学のような地域密着型のイノベーション，アントレプレナーシップ教育，活動に活路を見出すことはできよう。他大学と

の連携では，北海道において小樽商科大学（ビジネス），帯広畜産大学（農業），北見工業大学（工学）の３つの単科系国立大学が連携し経営していくことを発表している。それら３つの大学の特徴を組み合わせると，九州大学が有しているフルラインアップに近いものが可能となろう。九州大学の事例は，今後のわが国の大学運営を単なる数合わせや効率化に終わらせるのではなく，教育内容の高度化のためにイノベーション，アントレプレナーシップを軸にした次世代の高度教育の１つの形を示しているとも言える。

4.3　OB・OG，一般社会人による協力，参画

　九州大学の特色は，学部横断的なアントレプレナーシップ教育機関と起業部という実践部隊の両方が存在することであるが，前者は卒業生による寄付金，後者は一般社会人によるメンターとしての協力がそれらの活動を充実したものにしている。アントレプレナーシップ教育はその歴史がわが国では浅いこと，また，自ずと学部横断的な教育内容であるため，どこかの学部ですべてのコストを負担するのは現実的ではなく，また，その実践色の強さからアカデミア界のみでは対応しきれない側面も有する。この点，九州大学が寄付金を有効活用していることと，外部の一般社会人の協力を仰いでいることは着目すべきである。必要なリソースをすべて自前で揃えるのではなく，うまく外部調達をする戦略性も効果的なアントレプレナーシップ教育の提供には必要である。

◆　謝　　辞
　インタビューに応じてくださった九州大学QREC副センター長の五十嵐伸吾准教授，および同大学学術研究・産学官連携本部ベンチャー創出推進グループの熊野正樹准教授にお礼申し上げる。

◆　参考文献
熊野正樹（2019），「起業家教育と起業家の輩出―九州大学起業部の事例」同志社商学，第70巻6号，pp.1009-1023.

WEBの情報は，原稿執筆時の情報に依拠している。

第7章 神戸大学

科学技術の
シード・アクセラレーション

―株式会社科学技術アントレプレナーシップの
取り組み―

1 はじめに

　科学技術イノベーションの創出においては，創出に至るまでに大きく3つの
ギャップが存在する。**図表7－1**に示すように，科学技術上のブレークスルー
（発明や発見）をイノベーションのアイデアに展開するギャップ，そのイノベー
ション・アイデアをイノベーション・ストラテジーに落とし込むギャップ，そ
してイノベーション・ストラテジーに基づき戦略を実践する上でのギャップで
ある。いくら科学技術上のすばらしい研究成果（ブレイクスルー）であっても，
この3つのギャップを乗り越えることができなければ，社会的・経済的価値の
創出をもたらすイノベーションに繋げることができない。大学発の科学技術
ベースのベンチャー企業が大きく成長を遂げることができない背景には，これ
ら3つのギャップを乗り越えることができないことに大きな原因がある。
　本章では，大学の科学技術シーズについて，こうした3つのギャップを乗り
越え，イノベーション創出にまで繋げるための試みとしてシード・アクセラ
レーターの役割に注目し考察する。第2節では，神戸大学の科学技術イノベー
ション創出の現状と取り組みを紹介する。第3節では，シード・アクセラレー
ションが果たす役割の重要性を指摘し，アメリカの主要シード・アクセラレー
ターのYコンビネーターの活動状況を紹介する。第4節では，こうしたアメリ
カの動きを参考にしながら神戸大学に設立した，株式会社科学技術アントレプ
レナーシップの取り組みを紹介する。最後に，第5節では，科学技術イノベー
ションの創出にあたってのインプリケーションをシード・アクセラレーターの

図表7－1　科学技術イノベーションの創出における3つのギャップ

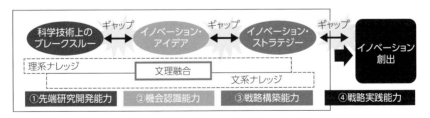

（出所）神戸大学大学院科学技術イノベーション研究科の資料をもとに作成。

役割の視点からまとめ，総括することにしたい。

2 ｜ 神戸大学の科学技術イノベーション創出の現状と取り組み

2.1　神戸大学の科学技術イノベーション創出の現状

　神戸大学の科学技術イノベーション創出の現状について，『神戸大学データ資料集　2018』に基づきながら，知的財産の状況について，実施許諾収入・譲渡収入と大学発ベンチャーの設立の2つの視点から概観する。

　まず，神戸大学の実施許諾収入・譲渡収入については，**図表7－2**に示すように，2017年度の実績で，実施許諾件数，金額がそれぞれ34件，3132万円，譲渡件数，金額がそれぞれ12件，431万円となっている。両者を合計すると，件数で46件，金額で3563万円であり，増加傾向にあるとはいえ，大学の規模からすれば高いパフォーマンスを上げているとは残念ながら言いがたい状況である。

　続いて，神戸大学発のベンチャー企業の設立状況を見ても，**図表7－3**に示すように，2018年5月現在でHPにおいて内容を確認できる主な企業等は23社となっている。本章で後述する株式会社科学技術アントレプレナーシップも，神戸大学におけるイノベーション促進の支援を目的に設立された神戸大学発ベ

図表7－2　神戸大学の実施許諾収入・譲渡収入の推移

（出所）『神戸大学データ資料集　2018』より転載。

140

図表7－3　神戸大学発のベンチャー企業

形態	企業名	設立年月	事業の概要
株式会社	アスク・ネットワーク・ジャパン	1992年8月	「マックスソイル工法」（地盤改良技術）の普及事業
有限会社	パソテック	2000年7月	病理組織試料の作製と、それに伴う遺伝子解析
株式会社	エイアールテック	2001年4月	集積回路の設計、開発・販売業務および設計者育成
株式会社	ネオケミア	2001年5月	医薬品、医療用具、化粧品等の研究開発
株式会社	Bio-energy	2001年8月	バイオ燃料生産、アーミング菌体の開発など
有限会社	行動医科学研究所（現：株式会社　行医研）	2002年1月	モデルマウスの販売・動物飼育、マウス等の行動解析など
株式会社	ビークル	2002年8月	制癌剤、遺伝子治療薬、バイオナノ粒子を用いる細胞の開発など
株式会社	GMJ	2003年1月	GMP基準に合致した各種ウイルスベクターの調整と作成など
株式会社	環境管理会計研究所	2003年4月	マテリアルフローコスト会計の導入支援
株式会社	リタニアルバイオサイエンス	2004年3月	免疫賦活剤LBSカルチャー原末の研究開発、製造販売
有限会社	ジーン・アンド・ジーンテクノロジー	2004年5月	遺伝子及び蛋白質分離システムとツールの開発・製造
株式会社	スマート粒子創造工房	2006年7月	機能性微粒子の設計、試作および製造販売
株式会社	マスターオブサイエンス	2006年7月	安全性の高い医薬品の開発
株式会社	ES研	2009年3月	省エネルギー技術コンサルティング業
株式会社	センサーズ・アンド・ワークス	2011年4月	焦電型赤外線センシング技術の開発販売
株式会社	Integral Geometry Science	2012年4月	計測機器、信号・画像処理ソフトウエアの専門事業
株式会社	mplusplus	2013年8月	LED電飾を使ったウェアラブル機器を主とした企画開発、コンサルティング
株式会社	科学技術アントレプレナーシップ	2016年1月	ベンチャー起業コンサルタント、M&Aに関するアドバイザリーなど
株式会社	PIHPメデイカル	2016年3月	肝灌流化学療法に用いる医療機器の製造およびそのセット販売
株式会社	シンプロジェン	2017年2月	長鎖DNA合成技術による「正確で長い」DNAを活用した事業
株式会社	バイオパレット	2017年2月	切らないゲノム編集技術を活用した事業開発
株式会社	ViSpot	2017年9月	ウイルス安全性評価試験（ウイルスクリアランス試験）受託
株式会社	イノベーション・アクセル	2018年2月	アントレプレナーシップ教育事業、会員のネットワーキング事業とメンターの育成、シード・アクセラレーション事業

（注）2018年5月現在。HPで内容を確認できる主な企業等を掲載。
（出所）『神戸大学データ資料集　2018』より転載。

ンチャーの中の１社である。ただ，こちらに関しても，大学の規模他から考えれば，ベンチャー企業を多数生み出せているとは言いがたい。

2.2　科学技術イノベーション研究科の設立

神戸大学は，2016年４月に科学技術イノベーション研究科の修士課程を設立し，２年後の2018年４月には博士課程を設立した。本研究科では，先端科学技術に関する教育研究を行う自然科学系と，アントレプレナーシップに関する教育研究を行う社会科学系により，学問の枠を超えた新たな「文理融合」型の教育研究システムの構築を行っている。

また，**図表７－４**に示すように，本研究科が重点を置く５本の柱として，バイオプロダクション分野，先端膜工学分野，先端IT分野，先端医療学分野，アントレプレナーシップ分野の教育研究分野を設けている。これらが互いに「分野融合」することで，新たな科学技術や学問領域を生み出すとともに，人材養成，研究開発，事業化を効率よく循環させることで科学技術イノベーションを継続的に生み出すシステムを構築し，世界的な拠点形成を目指している。

図表７－４　神戸大学大学院科学技術イノベーション研究科の重点領域

（出所）神戸大学大学院科学技術イノベーション研究科の資料より転載。

　本研究科で養成・輩出する人材像は，科学技術アントレプレナーである。科学技術アントレプレナーとしては，大きく３つのタイプの人材を想定している。第１に，新たにベンチャー企業を立ち上げることによって科学技術イノベーションを実現する「独立企業家」となる人材である。第２に，既存企業や研究機関等において科学技術イノベーションの創出に取り組む「企業内企業家」となる人材である。第３は，文理融合・分野融合の視点から科学技術イノベーションに関する教育研究を実践できる教育者・研究者となる人材である。

3 | シード・アクセラレーションの役割

3.1　ベンチャー企業の成長ステージとシード・アクセラレーション

　ベンチャー企業，とりわけ科学技術イノベーションの創出に取り組むベンチャー企業にとって，なぜシード・アクセラレーションの役割が重要なのかについて概説することから始めよう。

　多くのベンチャー企業が困難に直面するファイナンスであるが，ベンチャー企業のあらゆる成長ステージに対応可能な，万能な資金提供者はいない。成長ステージごとにベンチャー企業が抱える主たるリスクの性格は異なり，必要とする資金調達額も大きく異なる。また，資金提供者側においても，リスクに対する対応可能性は各供給者によって違う。したがって，ベンチャー企業のファイナンスにおいては，企業の成長ステージ別に資金供給者の役割分担体制をとることになる。**図表７−５**に示すように，ベンチャー企業の成長ステージにおいて，売上がまだたっておらず，利益も上がらず，キャッシュフローとしてはしばらく大幅なマイナスの時期が続くことが想定される開発ステージ（シードステージ）においては，多くのベンチャー企業がこのステージを乗り越えることに苦労し，資金調達面でも深刻な危機に直面することになる。

図表7－5　ベンチャー企業の成長ステージと資金の出し手

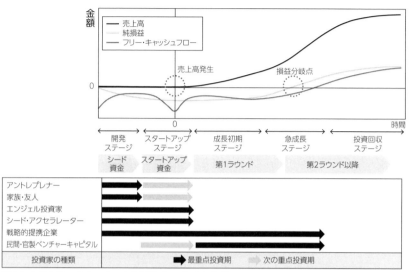

(出所) 忽那憲治，山本一彦，上林順子 (2013) より転載。

　ベンチャーキャピタル・ファームは，多額の資金調達が必要な急成長ステージにおいては重要な役割を果たすが，シードステージやスタートアップステージにある事業としての成功可能性が極めて不確実で，必要資金額としても小さいステージにおいては重要な役割を果たすことはできないし，関心も示さない。とりわけ科学技術ベースのシードステージの事業へのシード資金提供は，不確実性の高さから円滑な資金提供が難しく，リスクキャピタル供給のエコシステムという視点からすれば，今なお多くの課題を抱えている。

　歴史的には，ベンチャーキャピタル・ファームの投資を補完する役割として期待されたのがビジネス・エンジェル（エンジェル投資家）である 。ニューハンプシャー大学のウィリアム・ウェッチェル教授による研究を嚆矢として，1980年代以降は起業家とビジネス・エンジェルを結びつけるネットワークの構築などが進められてきた。ビジネス・エンジェルは，ベンチャー企業にとって，小口資金の調達が可能である，起業家としての経験を元にしたハンズオン支援を受けられる，投資決定基準が緩やかである，長期的視点からの投資である，機動的な資金調達が可能である，金融中心地だけではなくあらゆる地域に存在

している，といったさまざまなメリットを持つ，まさしく「天使（angel）」として注目された。

　その一方で，ビジネス・エンジェルはあくまで個人としての活動であるため，その後はビジネス・エンジェルのシンジケーション（連携して投資活動を行う体制）を組織して，まさに組織的な対応を可能にする試みなどの進展が見られた。本章で取り上げるシード・アクセラレーターは，シード段階の資金や支援サービスの出し手として，ビジネス・エンジェルの資金提供者としての役割やメンターとしての役割を個人の枠を超えて組織化し，多様なメンバーを巻き込むことによって，起業家が必要とするさまざまな支援に対応するべく進化した組織と言える。

3.2　アメリカの主要シード・アクセラレーターの活動状況

　アメリカで注目される民間のシード・アクセラレーターとして，Ｙコンビネーターの活動状況を紹介する。

　Ｙコンビネーターは，2005年にプログラミング言語学者でありIT起業家であるポール・グレアム氏がトレバー・ブラックウェル，ジェシカ・リビングストン，ロバート・モリスの３名の共同パートナーと創業した。同社の創業当時は，個人的な人脈に依存していたシード・アクセラレーターがほとんどの中で，システマティックな（組織的に対応する）シード・アクセラレーターが必要だという信念の下に創業した。ファンド規模は約７億USDである。アメリカでは，「スタートアップのハーバード大学」と呼ばれ，ベンチャー企業の登竜門である。2005年の事業の開始時点では227チームの参加で８チームが選ばれたが，その後急速に規模は拡大し，2011年には2000チームから64チームが選ばれるような状況になっていた。

　Ｙコンビネーターの著名な投資先としては，**図表７－６**に示すように，Airbnb，Dropbox，Ginkgo Bioworksなどがある。Ｙコンビネーターの投資哲学は，人脈の欠如により従来型のシード・アクセラレーターの投資を受けられないベンチャー企業をＹコンビネーターの投資対象とする点にある。著作家でサンノゼ州立大学ビジネススクール教授のランダル・ストロスは，2011年にＹコンビネーターに常駐し，その活動を静かに観察し，2013年の著書『Ｙコンビネー

図表7-6　Yコンビネーターが投資・支援を行った著名なベンチャー企業

Airbnb （エア・ビー・アンド・ビー）	民泊仲介サービス 総額3,400百万円USDの資金を調達
Dropbox （ドロップボックス）	ストレージ・クラウドサービス 総額960百万USDの資金を調達
Ginkgo Bioworks （ギンクゴー・バイオワークス）	微生物による有用物質生産（受託開発） 総額154百万USDの資金を調達

（注）上記総額にはYコンビネーターからの投資額は含まれない。
（出所）YコンビネーターのHP〈www.ycombinator.com/〉より作成。

ター』で詳細にレポートしている。同社はそれまでのビジネス・エンジェル投資にはなかった多くの特徴を有し，まさにシードステージの起業家を支援するリーダー的存在となっていった。

　同書の中で，グレアムがこのプロジェクトを始めた背景を次のように説明していることが紹介されている。「これは実験だ。われわれは他の投資家が投資したがらないような若い世代の起業家たちにもっと投資すべきだと考えている。グーグルやヤフーの例が学生や大学院生がスタートアップを大成功させることができることを証明した。在学生でも卒業生以上に起業の能力があるものはいくらでもいる。」従来型のシード・アクセラレーターの投資を受けられないベンチャー企業というのは，「若い世代の起業家」を意味しており，ストロスは，「グレアムはYコンビネーターでその最低限の年齢がどこまで下げられるものか実験するつもりだった」と述べている。

　ストロスの前掲書のまえがきにおいて，Yコンビネーターの基本モデルは，ビジネス・エンジェル投資にひとひねりを加えたもので，①多数のスタートアップへの一括投資，②3カ月のブートキャンプ，③学期の最後を締めくくる，何百人もの有力投資家の前でプロダクトのプレゼンテーションを行う成果報告会であるデモ・デイの3点であると整理している。ただ，「ブートキャンプ」という単語から，ユニフォーム，しごき，過酷な競争といったイメージを持つと本質を見誤ることになるので注意が必要である。Yコンビネーターにおける実態はまったくそのようなものではなく，参加者の個性を重視し活動しながら，同じ場所に集まり，直接対面を通じてビジネスをブラッシュアップするために全力を尽くす場として解釈する必要がある。

　このような質の高い濃密な直接対面での支援を経て生まれるＹコンビネーター卒業生は，「もっとも成功の確率が高いスタートアップ」と見なされているとのことである。こうしたＹコンビネーターが提供するスタートアップの質に関する保証機能は，シリコンバレーの有力ベンチャーキャピタル・ファーム2社が，Ｙコンビネーターの卒業生だけを対象にした特別なファンドを2011年に組成し，2011年の1月から3月の冬学期の44チームのスタートアップのすべてに，追加の審査をすることなく，一律に15万USDの投資を実施したことによく表れていると述べている。

　2015年時点の投資実績は，ＹコンビネーターのHPによると，投資先企業数で約940社，投資先企業の時価総額で約650億USDとなっている。時価総額10億USD以上のいわゆるユニコーン投資先企業も8社ある。投資先企業の資金調達額は約70億USDに達する。一方，清算した投資先企業数も177社ある。2015年（1回目公募）の投資先企業となった企業は107社である。投資先企業の経営陣の平均年齢は29歳と若い。

　同社の投資条件はHPによると下記となっている。投資分野は，分野は問わないが，IT分野に強みを持つ。投資金額は一律12万USDである。制約条件については，1つは投資先企業の国籍であり，アメリカ以外の企業にも投資するものの，アメリカに法人を設立する必要がある。もう1つの制約条件は，支援期間（3カ月間）中は，シリコンバレーに居住することが必須である。選考条件は，応募書類と面接により選考し，事業計画書は不要である。応募者のうち通過するのは約3％であり，極めて狭い門となっている。投資形態は，2014年までは転換社債が主流であったが，2015年以降大半は，将来のシリーズＡ投資を受ける時点において，シリーズＡ優先株7％を取得（有償新株予約権）する形態が大半となっている。

　契約書ひな型を開示しており，多くの投資先企業が使用している。また，複数の契約書ひな型によって投資条件のパターン化をはかっており，**図表7－7**に示すように，①企業価値上限あり，割引なし（基本タイプ），②企業価値上限あり，割引あり，③企業価値上限なし，割引あり，④企業価値上限なし，割引なし，最恵国待遇（次ラウンドの投資家と同等以上の条件）の4タイプに分類している。

図表7－7　Ｙコンビネーターの投資条件の４パターン

投資契約書（ひな形）のパターン		優先株への転換ルール ※DR（ディスカウントレート）： １－割引率	共通ルール
①CAP（企業価値上限）あり，割引なし	シリーズAの企業価値≧Cap	CAPを用いて算出した株数の優先株に転換	転換した優先株の条件はシリーズA投資家と同等となり，以降シリーズA投資家と同じ扱い。 ただし，残余財産分配優先権（Liquidation Preference）だけシリーズA投資家と異なる
	シリーズAの企業価値＜Cap	シリーズAの企業価値（pre-money）を用いて算出した株数の優先株に転換	
②CAP（企業価値上限）あり，割引あり	シリーズAの企業価値≧Cap	CAPを用いて算出した株数の優先株に転換	
	シリーズAの企業価値＜Cap	シリーズAの企業価値（pre-money）をDRを使って割り引いて算出した株数の優先株に転換	
③CAP（企業価値上限）なし，割引あり		シリーズAの企業価値（pre-money）をDRを使って割り引いて算出した株数の優先株に転換	
④CAP（企業価値上限）なし，割引なし（最恵国待遇：シリーズAの投資家と同等か，それ以上に投資先にとって有利な条件）		シリーズAの企業価値（pre-money）を用いて算出した株数の優先株に転換	

（出所）ＹコンビネーターのHP〈www.ycombinator.com/〉およびＹコンビネーターのブログHP〈https://blog.ycombinator.com/how-to-raise-a-seed-round/〉より作成。

　育成・支援の内容については，支援期間は３カ月間である。公募は年に２回行い，１回当たり50～100社程度を選定する。メンターによる指導は，創業チームは毎週メンターに報告・相談，事業計画作成の指導や技術アドバイスを受ける。オフィスの提供は無償であるが，共用ラボの提供はない。１社目の顧客のマッチングを行い，顧客の発掘を支援する。資金調達は，ベンチャーキャピタル・ファームとの定期的な食事会，支援期間の最終日に投資家向けピッチイベントを開催する。法律・知財支援は，弁護士・特許弁護士を紹介し，多くの弁護士は分割払いに対応する。創業チームの調整についても，創業メンバー間の対立を仲裁するなどしている。

　近年はバイオ分野での実績が多い点も特徴の１つであり，微生物による有用物質生産（受託開発）を行うGinkgo Bioworks（154百万USD調達），AIを活用した創薬支援サービス（新規化合物探索）を行うAtomwise（6百万USD調達），ロ

ボットを活用したオンデマンド型創薬支援サービスを提供するTranscriptic（28百万USD調達），診断用腸内菌スクリーニングサービスを提供するuBiome（28百万USD調達），ナノ技術を活用したガン診断技術を開発するBikanta（2百万USD調達）などがある。

4 株式会社科学技術アントレプレナーシップの取り組み

4.1 株式会社科学技術アントレプレナーシップの設立

2016年4月の科学技術イノベーション研究科の設立にあわせて，2016年1月に科学技術イノベーション研究科の一部教員等の共同出資によって，株式会社科学技術アントレプレナーシップ（以下，STE社）を神戸大学キャンパス内に設立した。それと同時に，神戸大学とSTE社の活動の主旨に賛同いただいた神戸大学関係者（個人）と民間企業からの資金拠出によって資金を確保し，一般社団法人神戸大学科学技術アントレプレナーシップ基金（以下，神戸大学STE基金）を設立している。

神戸大学の科学技術イノベーション創出スキームの全体図は，**図表7－8**に示すとおりである。STE社は，科学技術イノベーション研究科と一体的に連携して，神戸大学発のベンチャー企業の創業支援のためのシード・アクセラレーター事業を展開する。神戸大学STE基金は，神戸大学発のベンチャー企業にSTE社を通じた間接的な出資を行う。ベンチャー企業が創造した価値の一部は，当該ベンチャー企業からSTE社への配当，もしくは当該ベンチャー企業の株式の売却によるキャピタルゲインとして還元され，神戸大学STE基金へはSTE社からの配当によって還元される。神戸大学は，神戸大学STE基金またはSTE社からの寄付によってベンチャー企業の価値の一部を回収し，新たな研究開発等のための資金に還元する。

このように，神戸大学の取り組みは，神戸大学STE基金と，大学関係者（一部教員）が共同出資して設立したSTE社が，神戸大学から生まれた研究成果の事業化を行うベンチャー企業にシードマネーの一部を提供して，科学技術イノベーション研究科と連携して手厚いハンズオン支援を行うスキームであり，現

図表7－8　神戸大学の科学技術イノベーション創出スキームの全体像

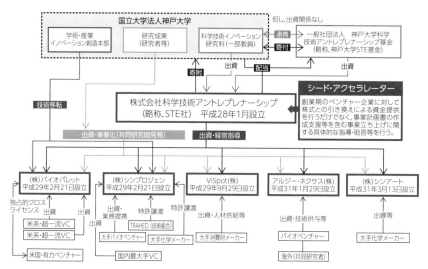

（出所）株式会社科学技術アントレプレナーシップの資料より作成。

　時点において他の国立大学法人等には見られない独自の取り組みである。ベン
チャーキャピタル・ファンドの設立を通じた既存ベンチャー企業への大口の投
資ではなく，シード・アクセラレーターとしてベンチャー企業設立時への小口
投資とその後のハンズオン支援によるバリューアップに活動の重点を置くとこ
ろが最大の特徴である。

　STE社の経営体制は，代表取締役の三宅秀昭氏を民間企業から招聘し，取締
役は神戸大学の教員である忽那憲治，山本一彦，國部克彦の3名が務めている。
監査役は，弁護士法人御堂筋法律事務所のパートナー弁護士の桑山斉氏が務め
ている。一方，神戸大学STE基金は，同基金の理事を神戸大学の3名の理事
（産学連携担当，総括副学長，社会連携担当）が担当し，大学からのガバナンスが
有効に機能するように組織設計している。

　STE社は大きく2つのサービスを提供している。1つが上述したシード・ア
クセラレーター事業であり，もう1つが戦略的企業家（イノベーション人材）
の育成のための教育研修プログラムの提供である。STE社は，シード・アクセ
ラレーター事業として，大学研究者の研究シーズを元にして，ベンチャー企業

の設立から，外部からの本格的な資金調達（ベンチャーキャピタル・ファームからの投資他）の実現までの期間に必要な支援を提供する。支援内容は，主として，①創業資金の一部の出資，②技術戦略・知財戦略・事業戦略・財務戦略を含む包括的な事業計画（ビジネスプラン）の作成，③資金調達先の選定，相手先との交渉，経営陣のリクルート等である。

　また，STE社は，民間企業における科学技術イノベーションの実現に向けて，戦略的企業家（イノベーション人材）の育成のための教育プログラム（幹部養成研修等）を提供している。教育プログラムの対象分野は，ストラテジック・アントレプレナーシップ，事業戦略（競争戦略，イノベーション戦略等），財務戦略（アントレプレナー・ファイナンス），知財戦略等である。シード・アクセラレーターとしての活動を通じた投資リターンの実現は，それがいつになるのか極めて不確実であるため，STE社の安定的な収益源の確保のために，民間企業に対する教育事業の提供は重要な意味を持っている。

4.2　STE主導で設立した神戸大学発のベンチャー企業の紹介

　STE社が主導して設立した神戸大学発のベンチャー企業は，2019年3月末時点で5社である。投資先の1社目は，ゲノム編集の株式会社バイオパレットである。同社は，医療，創薬，農業，微生物の分野を候補として，切らないゲノム編集技術を活用した事業開発を目指している。事業開発を推進する基盤として，強固な知財戦略の構築を進めるとともに，自社開発および企業とのアライアンス（共同開発やクロスライセンス等）双方の可能性を視野に入れ，グローバルな事業展開を目指している。

　投資先の2社目は，ゲノム合成の株式会社シンプロジェンである。同社は，独自の長鎖DNA合成技術による「正確で長い」DNAを通して，長鎖DNA（〜100kb）の受託合成事業，長鎖DNA合成技術を用いた受託微生物育種事業，長鎖DNAデザインについてのコンサルティング事業の展開を目指している。

　投資先の3社目は，ウイルスクリアランスCROのViSpot株式会社である。同社はサンスター株式会社と共同で設立した，バイオ医薬品の開発支援を行う会社である。バイオ医薬品の製造工程が，外部から汚染されたウイルスをどの程度除去できる性能を持つかを，第三者として評価するためのウイルスクリア

ランス試験の受託事業の展開をしている。

　投資先の4社目は，神戸大学と台湾の成功大学における微細藻類関連の研究成果の事業化を目指すアルジー・ネクサス株式会社である。

　投資先の5社目は，神戸大学大学院科学技術イノベーション研究科の博士後期課程に在学中の社会人学生が代表取締役として設立した，合成生物学と合成化学の融合する分野において，神戸大学他で生まれた独自技術を生かしたプラットフォーム型ビジネスの事業化を目指す株式会社シンアートである。

　STE社は，これまでに設立した上記の5社の成長支援と並行して，これらに続く神戸大学発のベンチャー企業の創出に向けて，科学技術イノベーション研究科の理系研究者の研究シーズのスクリーニングに現在取り組んでいる。

5 ┃ おわりに

　本章で紹介したアメリカのシード・アクセラレーターの仕組みや活動状況と神戸大学での取り組みから，日本の科学技術イノベーション創出のためのエコシステムの構築にあたってのインプリケーションは何であろうか。以下では，5点を指摘することにしたい。

5.1　業種特化型のシード・アクセラレーターの設立を通じたノウハウの蓄積

　第1に，科学技術シーズの事業化にあたって，まずはシードステージのスクリーニングと育成を担える質の高いプレーヤーの必要性である。これらは，急成長ステージで重要な役割を果たすベンチャーキャピタル・ファームの投資先の候補として，質の高いスタートアップ企業を引き継ぐためにも欠かせない存在である。この役割を担える可能性としては，ビジネス・エンジェル，クラウドファンディング，Proof of Concept（POC）Fundなどいくつかの候補が想定できるが，その中でもシード・アクセラレーターは，質の高いシーズのスクリーニング，メンタリングによる育成，資金調達や法律・知財問題への対応，ラボの提供などのすべてに対応可能である。

　とは言え，本章で紹介したYコンビネーターのようなシード・アクセラレー

ターを生み出すためには，まずは業種特化型のシード・アクセラレーターを設立し，そこでノウハウの蓄積もはかりながら，徐々に実績を上げながらスケールアップを図っていくのが現実的であろう。

　上で説明したように，神戸大学では，2016年4月に文理融合型の独立大学院として科学技術イノベーション研究科を設立した。また，この新大学院の設立にあわせて，シード・アクセラレーターとしての活動を通じて科学技術イノベーション研究科に所属する理系研究者の科学技術シーズの事業化を支援することを目的に，株式会社科学技術アントレプレナーシップを2016年1月に設立した。活動を始めて4年足らずで，バイオ領域で5社のベンチャー企業を設立するに至っている。

5.2　20代の若者・学生をターゲットとした育成・支援

　第2に，シード・アクセラレーターとして育成するターゲットをどこに設定するかを考えたとき，ITやバイオといった対象を業種で設定することももちろん重要である。なぜなら，メンターの専門性がアドバイスの質につながるからである。しかし，もう1つYコンビネーターが20代の若者・学生に焦点を当てていることも考察に値する。上で紹介したストロスの著書では，グレアムが20代半ばの若手起業家にこだわる理由について，「25歳はスタミナ，貧乏，根無し草性，同僚，無知といった起業に必要なあらゆる利点を備えている」と語っていることを紹介している。ここで言う「根無し草性」とは，ストロスによると「移動を厭わない性格のことで，もし創業者がシリコンバレーの近くに住んでいない場合は重要な資質となる。創業者は気軽にシリコンバレーに引っ越してくることができなければならない」とのことである。

5.3　居住することを義務づけ，同じ場所で濃密な時間を過ごすブートキャンプ

　第3に，メンターの専門性と多様性，質・量ともに層の厚さが求められることは言うまでもないが，それらを背景にした，ハンズオン支援の質の高さが重要である。メンターによる指導は，創業チームに対して毎週メンターに報告・相談し，事業計画作成の指導や技術アドバイスを行うという点では，どのシー

ド・アクセラレーターの支援内容を見ても大きな違いはない。当然のことながら，その質が成果に直結する。メンターの提供するハンズオン支援の質を高めることは一足飛びには難しいが，Ｙコンビネーターの成功にあるように，3カ月間は居住することを義務づけ，同じ場所で濃密な時間を過ごすブートキャンプが，お互いの信頼関係を深めたり，事業化に向けて没頭して取り組む上で意味を持っているのではないだろうか。そうなると，第2として述べた「根無し草性」を持つ若い学生は有力なターゲットである。こうしたターゲットとも関連して，多くのアメリカのシード・アクセラレーターの選考条件は，応募書類と面接により選考し，事業計画書は不要である。事業計画書は応募時点で最初に必要なものではなく，3カ月のブートキャンプを通じて，ピボット（方向転換）しながら起業家とメンターで一緒に作り上げていくものであるとの考えなのかもしれない。

　グレアムがＹコンビネーターへの参加の条件として，シリコンバレー周辺に3カ月住むことを条件として課したわけであるが，これはＹコンビネーターのパートナーたちと参加者が話すときは必ず直接対面でなければならないという方針にこだわったことが背景にある。グレアムは，アメリカ国民は世界で最も起業家精神に富んでいるというコメントに対して，「他の国に欠けているものは起業家精神ではなく，多くの創業者が集中する場所」であり，これは民族性や文化の問題ではなく，純然たる地理的問題であると語っていることは傾聴に値する。

5.4　起業家にとって難解な投資契約をわかりやすくするための工夫

　第4に，資金調達の検討にあたっての投資家とのやりとりや契約は，起業家にとって最も専門知識としても不足しており，かつ自身の持ち分の比率にも大きく影響することから気を遣うところである。Ｙコンビネーターが契約書のひな型を開示していることは上で紹介したが，多くの投資先企業がこれを使用している。図表7－7として示したように，投資条件の4タイプへのパターン化をはかっており，こうした仕組みは起業家にとって投資契約という難解で苦手な領域をわかりやすいものにすることに貢献していると言えよう。

5.5 バイオ領域やライフサイエンス領域における研究設備付の共用ラボの利用可能性

　第5に，対象領域が上で紹介した神戸大学のようなバイオ領域やライフサイエンス領域では，例えば起業志望者が大学の研究室を出て具体的な事業化プロセスに進んだ瞬間から，研究設備の備わったラボが不可欠となる。ごく一般的な研究設備を自前で揃えるだけでも，シードステージの起業家にとってはそれなりに大きな資金が必要となるが，その資金を得ることは一般的に言って困難であるし，また非効率でもある。このような科学技術シーズの事業化にとっては，研究設備付の共用ラボの利用可能性と使いやすさが極めて重要となる。また，特殊な研究設備については，大学の施設へのアクセスが可能であることもメリットが大きい。

　このようなハードウェア的機能とYコンビネーターが提供する「ブートキャンプ」のようなソフトウェア的機能が両方揃って初めて，バイオ領域，ライフサイエンス領域でのシーズの事業化が力強く推進されることとなる。わが国において，このようなターゲット領域において事業創造を促進し，イノベーションによる成長戦略を実現しようと考えるならば，大学との距離感の近いところにハードウェア的機能を配置し，それと有機的に連携をとれるような業種特化型のソフトウェア的機能を上手く構築するといった工夫が，極めて重要となるであろう。

（注） 本章は，神戸大学に関する最新の情報他を追加して，忽那憲治，山本一彦（2018）と忽那憲治，山本一彦，呉平翔俊（2018）を再構成したものである。

◆ 参考文献
忽那憲治，山本一彦，上林順子編著（2013），『MBAアントレプレナーファイナンス入門：ベンチャー企業の価値評価』中央経済社。
忽那憲治，山本一彦（2018），「神戸大学における科学技術イノベーション創出の試

み」『産学官連携ジャーナル』第14巻第 4 号，pp.23-26.

忽那憲治，山本一彦，呉平翔俊（2018），「科学技術イノベーションの創出における
　　シード・アクセラレーターの役割：米国の主要シード・アクセラレーターの活
　　動状況」『ビジネス・インサイト』第100号，pp.49-61.

ランダル・ストロス（2013），『Ｙコンビネーター』日経BP社。

WEBの情報は，原稿執筆時の情報に依拠している。

第8章
徳島大学

地方国立大学の少ないリソースのもとでの選択と集中

―徳島大学産業院の挑戦―

1 はじめに

　2004年の国立大学の法人化以降，国立大学法人の安定的・持続的な教育・研究活動の実施および機能強化への重点支援のため，運営費交付金が交付されている。しかしながら，文部科学省（2019）によると，2004年度以降，運営費交付金はほぼ毎年1％程度減額され，国立大学法人等（国立86大学・4研究機構の90法人）への運営費交付金の総額は，2004年度の1兆2415億円から，2018年度の1兆971億円（国立大学法人機能強化促進費含む）となり，法人化後15年間で1444億円，11.6％削減された。このような状況の中，多くの大学は運営費交付金だけで人件費を賄えなくなり，教職員の定員削減を余儀なくされており，大学若手教員の割合低下や，教育負担増加，研究時間の減少等の教育研究環境の悪化により，研究論文の質・量等の研究力の伸び悩みが危惧されている。

　徳島大学における運営費交付金の推移を**図表8－1**に示す。徳島大学における運営費交付金は，2004年度の156.7億円から，2018年度の126.0億円となり，15年間で30.7億円，19.6％削減されている。財政基盤が弱く，少ないリソースのもとで運営している地方国立大学において，この影響は重大である。

　本章では，地方の国立大学である徳島大学が，少ないリソースのもとでの選択と集中を行い，産官学連携活動から外部資金を確保し，財政基盤を強化するとともに地域からイノベーションを創出するため，実施している取り組みを紹介する。第2節では，徳島大学の産官学連携活動の支援体制を紹介する。第3節では，地方大学の大学発ベンチャーの置かれた状況とスタートアップスタジオが果たす役割を説明する。第4節では，徳島大学産業院における産官学連携に活発なスター研究者への「特区」的支援，スタートアップスタジオの運営，学生に対するアントレプレナーシップ教育について紹介する。最後に，第5節では，財政基盤が弱く，リソースの少ない地方大学からイノベーションを創出するための視点をまとめ，総括する。

図8-1　徳島大学における運営費交付金の推移

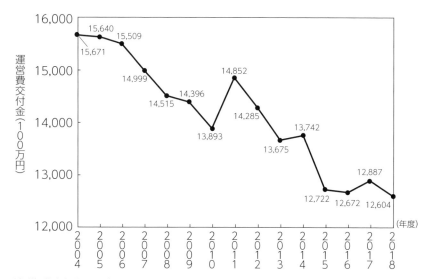

（出所）徳島大学のHP〈https://www.tokushima-u.ac.jp/about/financial/index.html〉より作成。

2 ｜ 徳島大学における新産業創出に向けた選択と集中

2.1　徳島大学の科学技術イノベーション創出の現状

　徳島大学は，卒業生の中村修二氏がノーベル物理学賞を受賞した実績があり，フォトニクス関連の研究に強みを有し，また，医歯薬・栄養・保健が揃った全国で唯一の大学で，ライフサイエンス関連の研究も盛んである。徳島大学の科学技術イノベーション創出に関して，知的財産収入と大学発ベンチャー設立の2つの視点から概観する。

　徳島大学における知的財産収入の推移を**図表8-2**に示す。2013年度の知的財産収入は352万円であったが，2014年度から2018年度は，約10倍以上に増加しており，2016年度にあたっては1億円を超えている。文部科学省（2017，2018，2019）によると，徳島大学の特許権実施等収入は2015年度第15位，2016

160

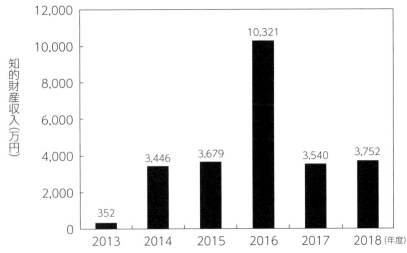

図表8－2 徳島大学における知的財産収入の推移

（出所）徳島大学研究支援・産官学連携センターの資料より作成。

年度第6位，2017年度第14位と全国の大学の中でも，比較的に高い位置づけと
なっている。

　大学発ベンチャーの設立状況を比較するため，四国の国立大学および東京大
学，大阪大学の大学情報を**図表8－3**に示す。株式会社価値総合研究所（2019）
によると，徳島大学の大学発ベンチャーは21社であり，全国26位となっている。
また，2016年度から2018年度の大学別の大学発ベンチャーの増加数は8社，全
国12位であり，大学発ベンチャーの新規立上げが活発となっている。四国地域
の他の国立大学と比較すると，大学発ベンチャーは多くなっているが，徳島大
学が有する6つの学部（総合科学部，医学部，歯学部，薬学部，理工学部，生物資
源産業学部）のうち，5つは理系の学部であり，理系研究者が多いことが，文
系学部を多く有する他の四国地区の国立大学より大学発ベンチャーが多い1つ
の要因として考えられる。

　さらに，徳島大学は，これまで大学発ベンチャーの設立・育成に関する支援
に力を入れてきた。徳島大学では，研究データ追加や試作品開発を行い，基礎
的，初期的な段階にある知的財産・研究成果の商業的価値を高めることを目的

図表8－3 四国の国立大学及び東京大学，大阪大学の大学情報と県（都・府）の情報（2018年度）

	学生数	教員数	運営費交付金（100万円）	大学発ベンチャー企業数	県（都・府）の人口	県（都・府）の面積（㎢）
徳島大学	7,758	985	12,604	21	750,519	4,146.75
鳴門教育大学	1,027	135	3,466	0		
香川大学	6,482	608	10,986	7	987,336	1,876.78
愛媛大学	9,485	808	12,809	10	1,381,761	5,676.24
高知大学	5,554	670	10,049	9	717,480	7,103.63
合　計	30,306	3,206	49,914	47	3,837,096	18,803.40
東京大学	28,653	3,858	84,205	271	13,740,732	2,193.96
大阪大学	24,289	3,267	50,961	106	8,848,998	1,905.29

（注）徳島大学の「大学発ベンチャー企業数」は，大学認定外ベンチャーも含まれている。
（出所）学生数・教員数：独立行政法人大学改革支援・学位授与機構のHP〈https://portal.niad.ac.jp/ptrt/h30.html〉，運営費交付金：各大学のHP，大学発ベンチャー企業数：株式会社価値総合研究所（2019），県（都・府）の人口：総務省のHP〈http://www.soumu.go.jp/main_sosiki/jichi_gyousei/daityo/jinkou_jinkoudoutai-setaisuu.html〉，県（都・府）の面積：国土地理院のHP〈https://www.gsi.go.jp/KOKUJYOHO/MENCHO201710-index.html〉より作成。

としたPoC支援（ギャップファンド）として，毎年，総額で300万円から500万円の資金的助成事業を実施している。2016年度に採択された5件から2社，2017年度に採択された4件から1社，2018年度に採択された5件から1社の大学発ベンチャーが創出されている。

　また，NEDOの研究開発型ベンチャー支援事業を活用した取り組みを行っている。国内の大学・研究機関等に在籍する研究員，大学院生，学部生を対象に，ビジネスプランを作成するための研修およびビジネスプランを発表するための機会を提供するプログラムであるNEDO-TCPに，2016年度は徳島大学から2件が応募している。その2件は，NEDO-TCPの最終発表会で最優秀賞と審査員特別賞をそれぞれ受賞し，2016年度と2017年度に大学発ベンチャーを設立している。

　2016年11月には，大学発ベンチャーの認定規則を制定し，制定から2019年11月までに新たに設立された認定ベンチャーは13社，認定規則制定前に設立されたベンチャーを含めると，徳島大学発認定ベンチャーは20社となる。2018年度には，支援対価を現金により支払うことが困難な大学発ベンチャーを対象とし

て，支援対価を株式または新株予約権で3件取得している。

　一方，東京大学と大阪大学は，徳島大学と比較して，それぞれ約13倍，約5倍の大学発ベンチャー設立数となっており，大学の規模や理系研究者数だけでは説明がつかないほど，多くのベンチャー企業が生み出されている。経済産業省（2018）によると，地方における大学発ベンチャーが伸び悩んでいる原因として，主に人材の不足，そして情報の不足が挙げられている。

2.2　徳島大学におけるイノベーション創出の支援体制

　徳島大学は社会貢献に関して，「産学官の組織と連携し，社会の発展基盤を支える拠点となり，大学の開放と社会人の学び直しを支援し，地域社会に新産業を創出することに貢献する」ことを理念としている。この理念を実現するために，四国地区5国立大学（徳島大学，鳴門教育大学，香川大学，愛媛大学，高知大学）の産官学連携活動を強化することを主目的として，2013年に「四国産学官連携イノベーション共同推進機構」（以下，SICO），徳島大学の研究力の向上とその研究成果を地域社会へ還元することを主目的として，2015年に「研究支援・産官学連携センター」（旧プロジェクトマネジメント室と旧産学官連携センターが組織統合），地域社会に新産業を創出することを主目的として，2018年に「産業院」がそれぞれ設立された。加えて，大学の外部組織であり，四国地域の広域TLO（Technology Licensing Organization（技術移転機関））である株式会社テクノネットワーク四国（以下，四国TLO）と連携して，産官学連携活動を行っている。産官学連携活動支援に関わる，似たような組織がたくさんあるようにも思えるが，各組織は異なるミッションを持っている。徳島大学における産官学連携組織の役割分担の概念図を**図表8−4**に示す。

　四国地域では，2012年度に文部科学省の国立大学改革強化推進事業に採択され，四国5大学連携による知のプラットフォーム形成事業がスタートした。その事業の1つとして，2013年10月にSICOが設立された。SICOは，他の産官学連携部署と異なり，四国地域の5国立大学と四国TLOにおける産官学連携業務や法務支援業務等を，大学や組織の枠を超えて統合・一元化する取り組みを行っている。各大学における業務の重複を解消し統合・一元化することで，組織の効率化とスケールメリットを発揮し，各大学の産官学連携や法務支援業務

図表8−4　徳島大学における産官学連携組織の役割分担

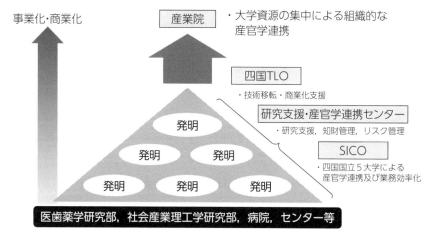

（出所）徳島大学研究支援・産官学連携センターの資料を一部改変して転載。

等の質および活動量を向上させようという試みである。文部科学省の補助事業としては2017年度で終了したが，継続して事業を実施中である。

　SICO事業のもと，徳島大学では2013年頃から四国TLOを含む大学の産官学連携組織の抜本的改革が行われた（詳しくは終章を参照）。

　1つ目は，大学からTLO機能を切り離し，大学とは別組織の外部機関であるTLOに産官学連携・技術移転業務を集中させたことである。

　2つ目は，技術移転活動に以下のマーケティングモデルを導入したことである。

・発明開示時点から技術移転活動まで，同じ担当者・チームが一気通貫で担当
・プレマーケティングで出願要否の判断，明細書の強化，共同研究先の探索
・オプション契約・マイルストン契約で特許登録前から収入を確保
・企業からの問い合わせを事務所で待つのではなく，産業界に自ら売り込み，特許権実施等収入の増加により収益を上げる

　3つ目は，TLOの人事・採用戦略の改革である。マーケティングモデルの導入に伴い，多くの産官学連携組織やTLOが行っている，企業OBや知的財産

の専門家の採用を止め，マーケティング能力を持つ人材やアントレプレナーシップを持つ若手人材を積極的に採用，登用したことである。この改革により，徳島大学の技術移転業務は四国TLOが一元的に取り扱うこととなった。

研究支援・産官学連携センターは，SICO事業における大学の産官学連携組織の抜本的改革に伴い，徳島大学の研究力の向上とその研究成果を地域社会へ還元することを主目的として，2015年に旧プロジェクトマネジメント室と旧産学官連携センターが組織統合され設立された部署である。基礎研究から社会実装まで「一気通貫の戦略」を立案し，実行する組織であり，以前と比較して研究マネジメントの役割が強化された。産官学連携業務は，知財管理や産官学連携リスクマネジメント等の大学として実施が必要な一部業務を担当するよう，四国TLOとの役割分担がなされた。

四国TLO，研究支援・産官学連携センターは，徳島大学全体の研究者に対する支援対応を行っているが，2018年4月には，産官学連携の活発なスター研究者数名を大学の資源を集中して支援することを目的に産業院が設立された。さらに，2019年4月には，大学発ベンチャーの設立・育成の支援強化や学生の教育も含め，産業院の組織が拡充されている。

3 | 地方大学の大学発ベンチャーのおかれた状況と スタートアップスタジオの役割

3.1　地方大学における大学発ベンチャーの状況

大学の知財・研究成果の社会実装は，知的財産を既存企業へライセンスすることがメインとなる。しかし，開発のリスクが高く，既存企業では実施することが難しい技術開発段階にあるシード，アーリーステージの知財・研究成果について，大学発ベンチャーを設立し，リスクマネーを調達し，社会実装していくことが重要となっている。このような，リスクの高い開発を行う立上げ初期のベンチャー企業に投資する人・組織に，エンジェル投資家やベンチャーキャピタル（以下，VC）がある。エンジェル投資家は，元起業家，現起業家，ベンチャー企業の初期従業員等のベンチャー企業関係者や，中小企業の社長，役員，比較的給料が高い大企業のサラリーマン等，ビジネスをしていて，儲けた人が

エンジェル投資家になることが多い。VCは，大企業や機関投資家等の資金を預かってベンチャー企業へ投資する会社である。

　アメリカと日本のエンジェル投資家およびVCの投資状況を**図表8−5**に示す。アメリカのデータを見ると，VCからの出資と比較して，エンジェル投資家は，シード，アーリーステージの案件に対して多くの件数の出資をしていることがわかる。日本のエンジェル投資については，エンジェル税制の利用額状況に基づいた数値である。一方，株式会社テクノリサーチ研究所（2009）によると，日本では約1万人のエンジェル投資家が年間100万円から300万円程度の金額を投資しており，総投資額は年間200億円程度になると推計している。アメリカと比較すると，日本はエンジェル投資家およびVCの投資件数，額ともに，かなり少ないことがわかる。さらに，日本においては多くの投資案件が都市部に集中しており，地方のベンチャー企業が資金調達を行う場合は，都市部のVC等との連携を模索することも多いが，出資や支援を受けるうえで距離的に不利なことが多い。

　政府は2012年度補正予算で開始した「特定研究成果活用支援事業」に基づいて，東北大学に125億円，大阪大学に166億円，京都大学に292億円，東京大学に417億円と国立4大学に総額1000億円を出資した。その後，2013年12月に産業競争力強化法が創設されるとともに，国立大学法人法が改正され，国立大学法人等が行える出資の範囲が拡大した（2014年4月施行）。2014年12月に大阪大学は大阪大学ベンチャーキャピタル株式会社，京都大学は京都大学イノベーションキャピタル株式会社をそれぞれ設立し，続いて2015年2月に東北大学は東北大学ベンチャーパートナーズ株式会社，2016年1月に東京大学は東京大学協創プラットフォーム開発株式会社を設立し，国の認定を取得した。この枠組みにより，それぞれのVCがそれぞれの大学に関連する研究成果の実用化を行うベンチャーに対して出資し，支援を行うことが可能となった。国立大学が出資・設立したVCによる活動は，他の章に譲ることとするが，地方大学においては，このような予算はついていない。2018年5月の法改正により，東北大学，大阪大学，京都大学，東京大学と他大学の連携を通じて事業活動を行う大学発ベンチャーにも支援することが可能となったが，地方大学は，政府からの出資を得た大学や都市部・他地域のVC等と連携していくしか方法がない状況と

166

図表8-5 アメリカと日本のエンジェル投資家およびVCの投資状況

| | アメリカ（2015年） | | 日本（2015年） | |
	エンジェル投資家	VC	エンジェル投資家	VC
投資額	246億ドル（約2.7兆円）	591億ドル（約6.6兆円）	25億円	1,302億円
投資件数	71,000件 -17,750 seed -31,950 early stage -19,170 expansion	4,380件 -186 seed -2,219 early stage -1,975 later/expansion	88件	1,162件
投資家（会社）数	305,000人	718 active firms	371人	－

（注）エンジェル投資件数について，アメリカはエンジェル資金を受けた起業家ベンチャー数。日本はエンジェル税制適用企業数である。
（出所）アメリカのデータ：Angel Capital AssociationのHP〈http://angelcapitalassociation.org/data/Documents/ACAatAEBAN09-26-16.pdf〉，日本のエンジェル投資家の投資額・投資件数・投資家数：総務省のHP〈http://www.soumu.go.jp/main_sosiki/hyouka/seisaku_n/portal/index/sotoku/meti.html#h26〉，日本のVCの投資額・投資件数：一般財団法人ベンチャーエンタープライズセンターのHP〈http://www.vec.or.jp/2016/08/10/nendosokuho2015/〉より作成。

なっている。

3.2　アクセラレーターとスタートアップスタジオ

　アクセラレーターとは，投資資金は少ないが，スタートアップの成長を加速させるプログラムを提供してくれ，投資家を紹介してくれるスタートアップ養成機関である。筆者の井内も，2016年2月にアメリカコロラド州デンバーのRockey's Venture Club（以下，RVC）が主催するRVC's Hyper Acceleratorに参加したことがある。RVCは1985年から30年以上続く，アメリカで一番古く，アメリカでトップ10の規模を有するエンジェル投資家グループであり，起業家だけでなく，投資家への投資の支援・アドバイスも行っている。RVC's Hyper Acceleratorの講義内容は，イグジット戦略，上市戦略，財務戦略，ピッチ，知財，ビジネスモデルキャンバス等，通常12週間の教育プログラムを6日間で行う短期集中型教育プログラムであり，最終日には，約100名のエンジェル投資家に出資を募るためのデモデイでピッチを行うことができる。
　筆者の井内も，徳島大学の事業化案件であった「New tile cutting system

-Be calm & cut clean」すなわち，屋根瓦をきれいで静かに切断できる工具の販売でピッチを行い，複数のエンジェル投資家から投資の声がかかったことを覚えている。さらに，アメリカ国内に限らず，他国での事業展開に関するアドバイスや具体的商談先の紹介を受け，大変有意義であった。大学発ベンチャーは大学の基礎的な研究成果をベースとしていることが多く，実用化に向けた研究開発などの投資がより長期的かつ大規模となる傾向がある。そのため，資金調達が大きな課題であるが，シード，アーリーステージの研究シーズへの投資は日本においては限定的であり，資金調達につまずいてしまう場合も多い。また，多くのビジネスプランコンテストが行われているが，事業への評論的コメントにとどまることや，賞金はあるが具体的連携や支援がないことが多く，大学発ベンチャーの支援を行う中で，日米の差を肌で感じるところである。

　スタートアップスタジオとは，アッティラ・シゲティ（2017）によると，「同時多発的に複数の企業を立ち上げる組織」であり，「スタジオにあるさまざまなリソースを使いながら，次から次へとイノベーティブな商品を生み出していく新しい組織形態のこと」と定義されている。スタートアップスタジオでは，イノベーティブな商品を生み出すために必要な投資やビジネス開発の機能だけでなく，ソフトウェアとハードウェアに関するエンジニアリング，UIやUXのデザイン，プロダクトデザイン，PRやデジタルマーケティング，人材獲得のためのリクルーティング，ファイナンス，法務，その他オペレーションの機能を組織的に実装するための能力を有する人材を社員として雇用する。ベンチャー企業は失敗すると，チームは通常解散することとなるが，スタートアップスタジオでは，失敗しても次のプロジェクトのためにチームは再編成される。優秀な人材とノウハウを残しておくことができ，失敗に対する耐性が得られ，多角化を図ることができる事業モデルとされている。

　アクセラレーターでは，外部から事業アイデアを募り，ピッチ等で起業家と投資家をマッチングするが，スタートアップスタジオでは自らが事業アイデアを生み出し，その中からベンチャー企業を立ち上げる場合が多い。その点，大学は多くの事業アイデアが生み出される知の源泉であるともいえ，大学の知を社会に役立てることは大学自身にとっても重要なミッションとなっている。民間と同等のスタートアップスタジオを大学が運営することは制度上難しいが，

その概念を取り入れたスタートアップスタジオを，2019年10月に徳島大学は設置している。

4 | 徳島大学産業院の取り組み

4.1　設立の経緯

　大学として「社会，世界の問題，課題を解決」するための研究を続けていくには，財政面での自助努力が求められている。しかし，一部の例外を除いて，国立大学法人が企業を設立・運営するなどの営利活動を行うことは，法的にできないこととなっている。そこで徳島大学が着目・参考にしたのが，大学病院というシステムである。大学病院は，患者の病気を予防し治療するための施設であるとともに，医師や看護師をはじめとする医療従事者を育てる教育や研究，臨床を行う機関でもある。そして，運営していくために事業経営を行っている。2018年4月に設置された産業院も同様に，経営感覚をもって大学の研究成果の社会実装を行い，研究活動に取り組むための財政基盤をつくろうとするものであり，以下の取り組みを行っている。

- 大学の研究成果を活用した収益を伴う事業の実施，企業等との研究開発
- 企業等からの事業化及び産業化の要請に対応した課題解決
- 新産業創出に向けた事業の企画立案
- 新産業創出に貢献する研究者・経営者の育成
- 産業院を活用した学生の教育

　産業院による研究開発の成果が出れば，企業への特許のライセンスや特許の共同出願などからライセンス料を受け取ることで独自の収入を増やしたり，大学発ベンチャーの株式の譲渡を受けたりすることができ，自主財源確保が可能になる。商品化や事業化により大学にも対価が支払われた場合は，その一部を基礎研究分野にも配分し，徳島大学全体の研究レベルの向上にも活用することとしている。また，学生の参画により，企業との共同研究やインターンシップなどを通じて，雇用創出の場としての役割を果たすことも目指している。

4.2　大学内「特区」としての産業院の活動

　徳島大学の産業院の体制と役割を**図表8－6**に示す。産業院は産官学連携の活発なスター研究者数名に大学のリソースを集中させ，特化して支援する組織である。大学が企業と密接に連携し，早急に研究成果等を社会に還元するためには，研究者個人レベルではなく，組織的な支援による共同研究等に取り組むことが重要となっている。これを実現するためにスタートした産業院は，いわば大学内の「特区」としての機能を有している。大学内特区としての産業院は，組織対組織の本格的な産官学連携を推進し，事業化・産業化の課題について優先的に対応する。産業院は，研究開発事業部門，企画戦略部門，教育・経営支援部門の３部門からなっており，研究開発事業部門は，産官学連携の活発な学内研究者および企業からの招聘教員が所属している。学内研究者は，学外資源との融合による新産業創出を行うことができる者を対象として選考しており，求める教員は以下である。

図表8－6　徳島大学の産業院の体制と役割

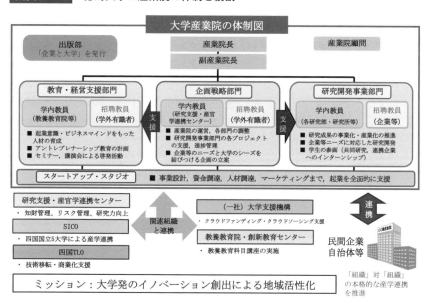

（出所）徳島大学産業院の資料より転載。

- 将来，企業との産官学連携や大学発ベンチャーの設立などにより新産業創出に貢献する具体的な計画を有する教員。
- 学外資源との融合により新産業創出を行う意欲のある教員。
- 産官学連携活動に意欲があり，高い資金獲得目標・計画がある教員。

　2018年度の産業院の設置当初は，徳島大学の全教員中，知的財産収入獲得額の上位2名，共同研究費獲得額の上位2名が選考された。2019年度は公募により，さらに2名が選考され，計6名のスター研究者が所属している。研究者への支援期間は原則3年間とし，毎年の産官学連携活動の計画や数値目標を設定し，評価を実施している。

　企画戦略部門は，研究開発事業部門の研究者に対する専任の産官学連携コーディネーターが所属している。2018年度の産業院設置当初は2名であったが，2019年度はさらに2名が追加され，計4名となっている。産官学連携コーディネーターは，それぞれ産業院におけるスター研究者の産官学連携活動（共同研究，大学発ベンチャー等）の伴走支援を実施している。

　徳島大学産業院では，産官学連携に活発なスター研究者を選考し，専任の産官学連携コーディネーターによる支援やPoC経費支援等の「特区」的な支援をすることにより，産官学連携活動による外部資金を確保し，財政基盤の強化を推進するとともに，地域からイノベーションを創出することを目指している。

4.3　スタートアップスタジオの設立およびアントレプレナーシップ教育

　教育・経営支援部門は2019年度に新たに設置され，イノベーション教育を行う教育系の教員が所属している。さらに，教育・経営支援部門を中心として，大学発ベンチャーを創生・支援する目的で，起業時・起業後支援の専門チームが所属するスタートアップスタジオU-teraを設置，運営している（**図表8−7**）。U-teraでは，学内の支援人材だけでなく，徳島にゆかりのある現役の起業家，ベンチャーキャピタリスト，アクセラレーターや民間のスタートアップスタジオの運営者等の産業院に所属している外部の専門人材を活用している。民間のスタートアップスタジオのように，専門人材のすべてを直接，雇用して運営しているわけではない。産業院招聘教授や産業院客員教授の称号を付与し，外部

の専門人材を活用することで，大学発ベンチャーの多岐にわたる支援に関して，学内の専門人材だけでは賄えない機能を補完している（2019年10月のU-tera設置時，産業院招聘教授11名，産業院客員教授14名）。特許戦略やマーケティングを集中支援するチームの設置によって，資金や人材調達，マーケティングまで，大学発ベンチャーを全面的に支援する組織を運営し，スタートアップスタジオ自体が新しい商品を次々と生み出し，事業化，社会実装していくというものである。大学発ベンチャーの場合，研究者は会社経営等については知識や経験が乏しく，研究者個人で起業するには課題も多いため，研究以外のことをトータルにサポートする専門家チームが必要になっている。

　さらに，地域から新産業を創出できる人材を育成するため，学生へのアントレプレナーシップ教育にも力を入れている。2019年度から産業院が中心となり，実施している教育が，「起業を知ろう」，「次世代事業創造実践」，「イノベーションチャレンジクラブ」の3つである。教養教育イノベーション教育科目として新たに作り，1授業につき2単位が認められるようにした。産業院の客員教授等は，現役の起業家，ベンチャーキャピタリスト，アクセラレーターや民

図表8－7　スタートアップスタジオ「U-tera（ユーテラ）」の支援領域

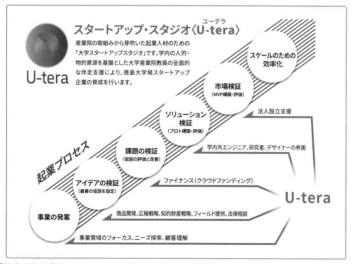

（出所）『徳島大学産業院パンフレット（2019年度）』より転載。

間のスタートアップスタジオの運営者等が務めており，「起業を知ろう」，「次世代事業創造実践」は，産業院客員教授等が担当するアントレプレナーシップ教育の授業となっている。

「起業を知ろう」は，徳島大学産業院や経済界で活躍している第一人者（産業院客員教授等）の話を直接聞き，さらに対話を進めることで「自らのミッションへの気づきと探求」を育てる授業である。「次世代事業創造実践」は，自らのミッションへの気づきから資金調達，商品開発から事業化に至る過程を実践し習得する「企業を取り巻く社会システムの理解と実践」を深める授業である。株式会社日本テクノロジーベンチャーパートナーズ代表／産業院客員教授の村口和孝氏が慶應ビジネススクールなどに提供している起業プログラムを，徳島ニュービジネス協議会の協力により徳島大学で実践するものである。

また，「イノベーションチャレンジクラブ」は，国際的な大企業が授業のスポンサーとなり，スポンサー企業から与えられる課題に対して，デザイン思考によって，プロトタイピングやユーザーテストを繰り返し，これまでにない新しい製品やサービス，システムのアイデアを創り出す授業である。徳島にいながら，企業のイントレプレナー（社内起業家）としての業務を体験できる授業となっている。

また，3つの授業で単位が認められると「次世代産業人材プログラム基礎コース認定証」を産業院より交付し，すべての授業で優秀な成績を修めた者は学長表彰の対象となる。

5 おわりに

国立大学の運営費交付金の減少は，財政基盤が弱く，少ないリソースのもとで運営している地方国立大学にとっての影響は重大であり，大学として研究者に研究費を配分し，研究を続けていくには，財政面での自助努力が求められている。さらに，地域の社会経済の活力低下が深刻化するなか，「科学技術イノベーション総合戦略2015」（内閣府のHP参照）では，地域経済全体の引き上げや雇用創出など地域の活力を再生するためには，地方大学が地域の「知の拠点」として機能し，地方大学に存在している最先端の研究成果をイノベーショ

ンに繋げ，地域が持つ強みを生かしつつ，高付加価値な製品・サービスを創出し，ビジネスとして展開することが重要であると指摘されている。徳島大学では，地方の国立大学独自の取り組みを行うことにより，地域の「知の拠点」として機能すべく，活動している。以下，本章で紹介した徳島大学の取り組みからのインプリケーションを示す。

5.1　産官学連携支援の選択と集中

　地方の国立大学である徳島大学は，少ないリソースのもとでの選択と集中を行い，産官学連携に活発なスター研究者に対して，「特区」的支援を行う産業院を設置している。産業院では産官学連携活動による外部資金を確保し，財政基盤の強化や地域からイノベーションを創出するための取り組みを実施している。一方，徳島大学では，産官学連携支援だけでなく，基礎的，学術的な研究も支援を行っている。しかし，地方大学の悩みとして，基礎研究，学術研究の分野において優れた研究成果を有する研究者は，さらに良い研究環境を求めて，規模の大きい大学に異動してしまう場合も多い。産官学連携に活発なスター研究者に関しては，ベンチャー支援を含む産官学連携支援を行うことで，地方大学に長期にとどまり，研究成果の事業化やベンチャー創出等による大学の外部資金の確保，地域経済の引き上げ，そして雇用の創出に繋がる可能性が高くなると考えている。

5.2　地域独自のエコシステムの形成

　日本において，エンジェル投資家やVCからのシード，アーリーステージの出資や支援は限定的であることを述べたが，そこを埋めるアクセラレーターやスタートアップスタジオのような取り組みも，特に地方では不足している。

　徳島大学では，2019年10月に独自にスタートアップスタジオU-teraを設立し，運営を行っている。産業院には学内の支援人材だけでなく，現役の起業家，ベンチャーキャピタリスト，アクセラレーターや民間のスタートアップスタジオの運営者等の外部の専門人材が所属している。大学発ベンチャーの支援内容は多岐にわたるが，産業院招聘教授や産業院客員教授の称号を付与した外部の専門人材をU-teraで活用することで，学内の専門人材だけでは賄えない機能を補

174

完している。外部専門人材の多くは，徳島にゆかりのある人材の登用を行っており，地元地域に愛着を持っているため，支援も手厚く，長期的な視点で携わってくれることが多い。地元地域で活躍している人だけでなく，地元地域出身の他地域で活躍している専門人材を含めて，地元大学を支援してくれる独自のエコシステムを構築することが重要であると考えている。

5.3　地域内ベンチャーインキュベーションの役割

　徳島大学は，6つの学部（総合科学部，医学部，歯学部，薬学部，理工学部，生物資源産業学部）のうち，5つは理系の学部であり，理系の研究シーズをベースとした大学発ベンチャーの創出が期待できる。しかし，大学の研究者は，会社経営等については知識や経験が乏しく，研究者個人で起業するには課題も多い。そこで，大学発ベンチャーの経営者候補の育成や学生ベンチャーの創出を目的として，学生のアントレプレナーシップ教育等の取り組みを行っている。2019年度は産業院で新たに3つの授業を開講しており，学内人材だけでなく，現役の起業家，ベンチャーキャピタリスト，アクセラレーターや民間のスタートアップスタジオの運営者等の外部の専門人材を登用することにより，実施している。2019年11月現在，徳島大学では2社の学生ベンチャーが設立されており，成果も上がりつつある。限られた大学のリソースを最大限活用し，産業院の活動を大学一部だけでなく大学全体に広げるとともに，教育・研究と協調させている。また，地域でのベンチャー創出・育成のために，地域内のベンチャーインキュベーションの役割を担っている。

(注) 本章は，徳島大学に関する最新の情報他を追加して，井内健介（2019）を再構成したものである。

◆　謝　　辞

本章の作成にあたり，ご意見・ご協力いただいた，徳島大学の森松文毅氏，北岡和義氏，武市学氏，内田裕子氏に心より感謝申し上げる。

◆　**参考文献・URL**

アッティラ・シゲティ (2017),『STARTUP STUDIO 連続してイノベーションを生む「ハリウッド型」プロ集団』日経BP社。

井内健介 (2019),「大学発ベンチャーにおける外国からの投資受入」『CISTEC Journal』第184巻, pp.190-203.

株式会社価値総合研究所 (2019),『平成30年度産業技術調査事業（大学発ベンチャー実態等調査）報告書』2 月。

株式会社テクノリサーチ研究所 (2009),『平成20年度経済産業省委託調査報告書──エンジェルネットワークの形成促進に関する調査報告書』3 月。

北岡和義 (2019),「産業院の次世代産業人材創出プログラム」徳島大学出版部『企業と大学』第 6 号, pp.49-51.

経済産業省 産業技術環境局 大学連携推進室 (2018),『大学発ベンチャーのあり方研究会報告書』6 月。

徳島大学産業院 (2018),「徳島大学 産業院設置」徳島大学出版部『企業と大学』第 1 号, pp.50-53.

文部科学省 (2019),『令和元年版科学技術白書』5 月。

文部科学省 科学技術・学術政策局 産業連携・地域支援課 大学技術移転推進室 (2017),『平成27年度　大学等における産学連携等実施状況について』1 月。

文部科学省 科学技術・学術政策局 産業連携・地域支援課 大学技術移転推進室 (2018),『平成28年度　大学等における産学連携等実施状況について』2 月。

文部科学省 科学技術・学術政策局 産業連携・地域支援課 大学技術移転推進室 (2019),『平成29年度　大学等における産学連携等実施状況について』2 月。

内閣府『科学技術イノベーション総合戦略2015』HP〈https://www8.cao.go.jp/cstp/sogosenryaku/2015.html〉

WEBの情報は, 原稿執筆時の情報に依拠している。

第9章 会津大学

コンピューター理工学専門の特色を生かしたベンチャー事業育成

―地域を実証フィールドにできることの
地方大学の強み―

1 | はじめに

　本書で見ている大学の多くがそうであるように，ベンチャー，アントレプレナーシップ，スタートアップの文脈では，理系の研究室での研究シーズ，技術蓄積，実験設備があり，文系側で経営を始めとする社会科学アプローチが可能な総合大学に分がある。また，都市部の大学の場合は，それら研究シーズやスタートアップビジネスをサポートする企業にも物理的に近いため，さらにメリットが大きい。その点，「地方」の「単科大学」だと二重の意味でアントレプレナーシップの分野では不利である。しかし，学生数1人当たりの大学発ベンチャー設立数で日本一に位置するのは，そのような二重の意味で不利な会津大学である。序章でも見たとおり，会津大学は大学発ベンチャー設立数においても全国でトップ20位以内にランクインしており，総数で見た場合でも相応の存在感を有する。本章では，どのようにして会津大学はベンチャー輩出の分野において成功を収めてきたのか，そのユニークな取り組みについて見ていく。

　わが国における理系学生は，大きく分けると，医療やメディカル方面と，エンジニアをはじめとする技術，テクノロジー方面の2つの集団になる。かつて，後者については，ものづくり系の大企業で技術者として活躍するというのが一般的なキャリアパスであった。したがって大学側も，いわゆる大きなシステムを作るシステムエンジニア（SE）やシステムインテグレーター（SIer）を養成する機関として機能していたと言えよう。一方，昨今では，理系学生にとっては，インターネット事業をリーンスタートアップ式に起業する（まずは小さく手軽に起業する形式）ことも1つの選択肢となりつつある。本書でも触れているが，大学が起業家を輩出するようになった1つのきっかけは慶應大学湘南藤沢キャンパス（SFC）の開校であろう。1990年のことである。会津大学の設立は1993年と，まさにそのような時期と重なっている。また，会津大学はコンピューター理工学専門の単科大学である。大学が，それまでの理系人材を大企業にSE，SIer予備軍として供給する教育モデルから，起業型人材育成のモデルに少しずつ切り替わり始めたタイミングで登場したこの理工学専門の単科大学において，起業を1つのメインテーマに見据えたのは自然な流れだったと言

えよう。かつての大企業偏重モデルというレガシーを背負っていない，稀有な理工学人材輩出機関が登場したということになる。実際，学生の多くは何かユニークなことにチャレンジしたくて会津大学を志願してくるとのことである。

　以下，第2節では，そのような比較的新しい同大学のアントレプレナーシップ教育プログラムを概括する。第3節では，正規カリキュラムではない学生たちの自主的な取り組みとそれに対しての支援活動，そしてそこから生まれたビジネスについて触れる。会津大学の特徴は，この自主的な取り組みを支援する緩やかなエコシステムにあると言っても過言ではない。第4節では，会津大学の事例をもとにした民間視点からの大学発ベンチャーの可能性と課題を議論し，最後に第5節では大学発ベンチャー創出にあたってのインプリケーションを，特に地方大学，単科大学に向けてまとめ，総括する。

2 ｜ 会津大学のアントレプレナーシップ教育プログラム

2.1　会津大学の概要

　学生数1人当たり大学発ベンチャー設立数日本一を実現した会津大学の取り組みを理解するには，まず，会津大学の概要について理解する必要があろう。学生数は学部生が1036人，大学院生が195名（2019年3月現在），全体では男子学生が88%を占めている。福島県会津若松市に位置する公立大学であり，その教育の柱は，ICT，ベンチャー，国際性の3つである。イギリスの高等教育専門誌「Times Higher Education（THE）」の世界大学ランキング（2019年）では601位－800位にランクされ，日本版では26位となっている。公立大学の中では，その特色ある研究教育内容ゆえに上位にランクされる大学である。もともと会津地域に4年生の大学が存在しなかったところ，地元が熱望して誕生したのが会津大学であり，その設立の歴史ゆえに地域との共生にも特徴がある。

　その国際性においては，2014年9月に文科省のスーパーグローバル大学・グローバル化牽引型に採択されている。学士を含めた学位論文はすべて英語とされている。教員に占める外国人教員の割合は約4割弱であり，他の主要大学に比べると非常に高い水準となっている。これら学生の教育内容，研究内容とも

に国際色が豊かであることは同大学のランキングを引き上げる大きな要因となっている。

　また，日本初のコンピューター専門の大学であり，同大学のトップページに掲げられている各研究，教育テーマは，AI，ネットワーク，システム系，宇宙，プログラミング，ソフトウェア，知能システム，ロボット，環境，芸術，医療と，さながら現代社会の課題を解決するにどれも必要不可欠なものばかりである。実際，同大学の図書館を訪問してみると，最初に目に入ってくるのはプログラミングやロボディックス系の書籍であり，こういうところからも他の総合大学とはその立ち位置が異なることがうかがえる（図表9－1）。一方，理系の単科大学でありながら，カリキュラム上はベンチャー教育が組み込まれており，事業化を念頭においたコンピューター理工学の教育および研究機関ということになる。この辺りは，先の慶應大学SFCとも共通するところがあるが，慶應大学SFCが学際的アプローチで起業を生み出す一方，会津大学のそれはコンピューターを軸としたものであり，その対比は興味深い。もっとも，両大学の規模の違いに起因するところはあるものの，どちらのアプローチが正しいとい

図表9－1　会津大学図書館正面の書籍紹介コーナー

（出所）筆者撮影。

う議論ではなく，そのように起業教育にはいくつかのバリエーションが可能であるという点に注目すべきであろう。

なお，同大学の教員の基礎研究においては，公立大学ゆえに，どのように地域に貢献できるかという観点で技術の検討をすることが多少意識されている。これは公立大学ゆえ，そして会津地域としての特徴であろう。ただ，後でも議論するが，地域を実証フィールドに活用できることは，むしろプラスの側面も多く，地域貢献への観点は研究の足かせになるとは限らない。

2.2　会津大学の教育カリキュラム

会津大学の教育カリキュラムは，**図表9－2**のとおりであるが，5つの専門領域を軸としたフィールド制を採用している。それぞれのフィールド群で必要とされる基礎科目と，どのフィールドに属していても普遍的に必要となる基礎科目（例えば，プログラミングやコンピューター基礎科目）を通じて，学生たちはコンピューター理工学の基礎を習得していく。その後，専門科目に移り，学びを深めていくのであるが，専門科目に移行すると同時に，ベンチャー教育が横軸として存在していることに特徴がある。ベンチャー教育は2年生より開始され，主に座学で学ぶ「ベンチャー基本コース各論I, II」と，実際に自分のアイデアをビジネスに具現化するための「ベンチャー体験工房」が存在する。こちらは主にPBL（Project Based Learning）の環境で実施され，地域や企業の抱える課題やニーズを把握した上で，自分の意思でテーマを設定・選択し，そのテーマに関連して，テクノロジーベンチャーへの発展を意識しながら，新製品，新サービスに繋がる研究・開発を行う（会津大学HP参照）。その他にも，1年生の時から，自分の力を試したい人のために「課外プロジェクト」が用意されており，実際にフィールドに出て試す，学ぶという環境がカリキュラムに組み込まれている。

このような課題解決型の授業を実施する際は，地域課題を題材とすることができれば，学生にとってはより手触り感のあるものとなる。課題を抱える主体から直接フィードバックを得ることもできる。その点，会津大学は地域に熱望されて誕生した公立大学という存在ゆえに，地域を巻き込んだ取り組みを比較的実施しやすいという点にメリットがある。特に近年のIT，インターネット

182

図表9－2 会津大学のカリキュラム

５つのフィールド群

コンピュータサイエンス	コンピュータシステム	コンピュータネットワーク	応用情報科学	ソフトウェアエンジニアリング

共通科目群

コンピュータ基礎科目	プログラミング基礎科目	コンピュータ理工学基礎科目	自然科学関連	人文社会

数学　英語　など

専門科目群

数学関連	コンピュータシステム関連	コンピュータネットワーク関連	コンピュータネットワーク関連	ソフトウェアエンジニアリング関連
アプリケーション関連	コンピュータネットワーク関連	アプリケーション関連	アプリケーション関連	
		ソフトウェアエンジニアリング関連		

ベンチャー体験工房	キャリアデザイン

（出所）会津大学のHP〈https://www.u-aizu.ac.jp/curriculum/characteristic/〉より作成。

系サービスでは，実証実験をもとにした，Proof of Concept（PoC：概念実証。概念やアイデアの実現可能性を示すこと）がまずは求められることが多いため，実社会で実験場があることは非常に重要である。したがって，会津若松市をフィールドとして活用できることは大きい。ただ漫然とコンピューター理工を学ぶのではなく，最終的には実社会でビジネス化することが１つのゴールとして設定されていることで，学生たちは自ずと起業体験を大学のカリキュラムを通じて行うことになる。

　また，キャンパス内には学生が自由に活用することのできるラボも存在する。例えば，**図表9－3**の写真はAizu Geek Dojo（会津ギーク道場：ギークとは一般的にはコンピューターオタクを意味するが，ここではポジティブなトーンでのギーク）と呼ばれるラボが存在し，その中には，３Dプリンターなど工作に必要な最新の機材が揃っている。近年のベンチャー企業では，プロトタイプ（実際に手にとることのできる，あるいは見ることのできる試作品）を作成することがほぼ不可欠な要素となっている。国内外のさまざまなビジネスコンテストを見ても，

図表9－3　Aizu Geek Dojoの外観，内観と試作展示物の一部

（出所）筆者撮影。

プロトタイプを提示することは上位で表彰されるために最低限求められるレベルとなっている。その意味では，このようなラボでアイデアをすぐに形にすることができることの重要性は高まっている。ラボを作るには多額のお金がかかるので，複数の異なる学部を有する大学では予算の奪い合いのもと，なかなか実現しないかもしれないが，コンピューター理工の単科大学であれば，少なくとも学内でのそのような予算の奪い合いは発生しないし，こういうものの必要性を内部で理解を得るのもハードルが低いであろう。

　以上のようなカリキュラム構成とラボをはじめとするコンピューター環境は，同大学が学生数1人当たり大学発ベンチャー設立数日本一となっている基礎である。ただし，これらは他の大学でもある程度見られる事象であり，会津大学の特色は，次に見ていくカリキュラムを基盤とした任意の学生による自主プログラムに真の特徴がある。

184

2.3　希望者向けの任意プログラム：会津大学IT起業家育成事業

　実は，会津大学には第6章で見た九州大学よりも古くから起業部が存在している。ただし，起業部の取り組みは九州大学の事例で概ねカバーしたので，ここでは会津大学ならではの取り組みを主に紹介する。会津大学では，上で述べたような全体的に起業教育を実施するカリキュラムは存在するものの，それは必要最低限のものであり，それだけで学生が起業をするほど簡単なものではない。実際には，起業をしたいという潜在的な学生に対して集中的にアントレプレナーシップ支援を行っている。その中の代表的なものである会津大学IT起業家育成事業は，平成27年度より開始された自主的なプログラムである。当初は政府からの財源1700万円で開始されており，受講生は学生のみならず地域の社会人も対象とする。学生にとっては単位取得にはならないため，カリキュラム外の自主的な取り組みとなる。

　プログラムの目的としては，地域でのアプリ制作，VR関連事業，そして企

図表9－4　会津大学IT起業家育成事業の概要

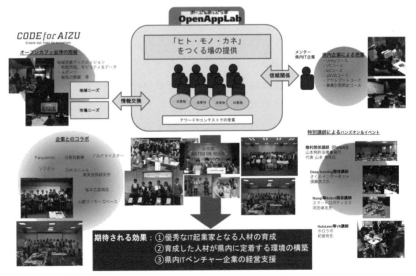

（出所）会津大学客員准教授の藤井靖史氏のプレゼン資料より転載。

業とのコラボレーションなどを通じて，会津をITにおけるハブにしようとするものである。そのためには，まず，**図表9－4**の左上にあるように，オープンカフェを実施して，地域課題の洗いだしを行い，ニーズを把握する。一方，ICT関連での起業，事業化に欠かせない各種スキルと知識については，トレーニングを実施する（**図表9－4**右上）。そうやって地域にプールした人材たちがチームを形成し，全国のさまざまなビジネスプランコンテストに応募することで認知度を向上し，さらなる人材と企業を地域や課題解決に呼び込むことに繋げていく。また，このような見える化を実施することで，関連当事者への県内のITベンチャーに対しての意識づけも変革させていこうとするものである。

　このようなベンチャープランの具現化に向けての座学パートは，通常であれば，数カ月単位，少なくとも数週間単位で講座が開催されるため，自ずと参加人数に限りが出てしまう。特に，会津若松のように人口そのものがさほど多くない地域で数カ月単位のコースを設定しても，1つ当たりの受講生の人数はさほど多くなく，モメンタムの創出に繋がりにくいという側面があった。そこで，本プログラムの特徴的なこととしては，スキルと知識の習得のための研修は，必要最低履修日数を2日間のみとし，他は自主的な勉強会で補うようにしたことである。そのようにすることで，座学研修にもダイナミズムを持たせて，事業の具現化の下地を整えている。また，実際の事業化（株式会社化）にあたっては，株主をどうするか，資金調達をどう行うかという資本政策や，知的財産など，経営者としてある程度理解しておくべき経営にまつわる専門的な知識も理解する必要があるが，その手当ても行っている。

　このような取り組みから，2015年〜2019年までの間に30以上の大学発ベンチャーの誕生や企業連携にこぎつけている。**図表9－5**はそのうちの主要なものである。また，学生の大学卒業後の県内定着も進みつつあり，会津大学大学院への進学や域内就職などに繋がっている。

　一方，本育成事業においてもいくつかの課題は存在する。まずはパートナー企業へのアクセスである。やはり起業時においては，既存企業とのコラボレーションが助けになることが多いが，会津若松でアクセス可能な企業数と，例えば東京でアクセス可能な企業数ではおのずと違いはある。これは，資金調達面でも同様であり，主要なVCや金融機関が首都圏偏在であることから，同じく

186

| 図表9－5 | 会津大学IT起業家育成事業の実績 |

事業の実績：起業 Entrepreneur

Minnano Chikara

ミンナノチカラ
人材育成・求職者支援事業
大堀氏

 Anost VR
VRコンテンツ制作会社
秋山氏

 会津コンピュータサイエンス研究所
AIチップの開発等

VRデザイン研究所
VR教育
月田氏　勝野氏

For Our Kids
幼児向けプログラミング教材開発
秦氏

 ムーン・アンド・プラネッツ
月や宇宙関連情報のWebサイト運営
寺園先生

企業連携 Collaboration with Companies

 チームミズキ
ビーコン等IoT機材ソリューション開発
五十嵐氏

日本能率協会KAIKA賞の受賞
三島地域での電気自動車移動販売車展開

VLED（オープン＆ビッグデータ活用・地方創生推進機構）での受賞
会津若松市オープンデータのナビ利用API開発

（出所）会津大学客員准教授の藤井靖史氏のプレゼン資料より転載。

ハンディとなりうる。これらについては，インターネット環境の発達によりリモートでのコミュニケーションも容易になったことや，クラウドファンディングなど新たな資金調達手段も登場したことで，従前よりはハンディは解消されつつあるが，依然として課題としては残る。この点については，会津大学では，ICT，コンピューター関連人材や企業，そして研究のハブ化を進めていくことで，こちらから出向かなくとも，資金提供者や大企業の方から会津大学にやってきたいと思わせるような実績を積もうとしている。

　次の課題は，IT人材の集積が進んでも，事業のサプライチェーンを支える他の産業の人材集積も必要である。例えば，知的財産の専門家や，販売，マーケティングのプロなど，実際の事業化においては，IT人材以外の存在と支援が重要となる。

　その他，このような自主的な取り組みによって会津大学発ベンチャーの増加には繋がっているものの，ベンチャー企業側にとってのメリットには改善の余

地があるかもしれない。お金が借りやすくなる，公共調達の現場では採用され
やすくなる，学内の人材調達（インターンシップ）がやりやすいなどのメリッ
トは確かに存在するが，それらのメリットは通常のベンチャー企業でも事業が
走り出せばある程度は享受できる。そこで，例えば大学発ベンチャーゆえのメ
リットという意味では，外部への認知度の向上において大学側がより積極的に
このムーブメントを後押しするような取り組みも必要であろう。会津大学発の
ベンチャー企業は優秀だということが全体的に認知されれば（かつての慶應大
学SFC発のベンチャー企業がそうであったように），より会津大学のベンチャー領
域での存在感は増すし，会津大学発ベンチャーにとってもメリットが出てくる。

　なお，このような自主的な取り組みですばらしい成果が出ているのであれば，
大学のカリキュラムに組み込むべきではないかという意見も出てこよう。しか
し，その点は大学のカリキュラムになると，単位目的のモチベーションの決し
て高くない学生も混在してしまうことでの全体のクオリティが低下してしまう
可能性と，5年間は継続的にそのカリキュラムを実施しないといけないという
文部科学省からのルールに従わざるを得ないことになる。後者については特に，
ICTのように変化の激しい昨今においては，この辺りの見直しは文部科学省の
方で必要ではないだろうか。ただ，前者の問題は依然として残る。これは，ア
ントレプレナーシップやイノベーション創出の授業のみならず，日本の大学全
体として抱える共通課題であるため，全体的な解決策が必要であろう。

3 ┃ 会津大学からのアントレプレナーシップ，イノベーションの実績

　次に，会津大学のベンチャーへの取り組みからの実際の事業実績を見ていく。
会津大学では，早くからブロックチェーンを活用した事業展開に着目してきた。
図表9－6のように，各金融機関や関係者とともに実施しているFinTech事業
の推進がそれである。

　会津大学発のブロックチェーンを用いた地域通貨的なものとしては，学祭で
活用された「萌貨」，学食で利用された「白虎」，地域の交流促進を促した「キ
マ☆チケ」などがある。萌貨は，社会活動をすれば地域通貨がもらえるという
設計であり，社会活動を通じた通貨のマイニングを可能にしたことで，より参

188

図表9－6 会津大学でのブロックチェーン・FinTech事業への取り組み

（出所）会津大学客員准教授の藤井靖史氏のプレゼン資料より転載。

加者のエンゲージメント（参画）を促すことが可能である。地域活性化には，活発な市民活動が必要であるが，それに寄与できる。

　また，白虎は手数料の低さゆえにクレジットカード会社への優位性を発揮した。手数料の低い決済手段の提供は，今では他のQRコードでも実現されているので，今となってはそれ自体に新しさはないものの，地方では自ずと事業者の規模が小さいため，クレジットカードの手数料は相対的に負担が重く，それゆえに手数料の低い決済手段の提供への潜在的なニーズは高かった。そこに気づいた地方大学発の事業がソリューションを提供したことになる。このように会津大学では，課題発見から解決策の提供までを一気通貫でできる環境がある。また，白虎は授業中の投げ銭システムとしても活用された。これは，良いコメントをした受講生に対して受講生同士が投げ銭を投じて「いいね」することで，講義の活性化と参加度を高める効果があった。これも学内の活動を通じて通貨のマイニングが可能となれば，大学全体の活性化に資することが可能であろう。実際，学生の中にはサーバーをレンタルすることで通貨のマイニングを行っている者もいるということである。

　キマ☆チケは，従来のクーポンと電子地域通貨の合体型と言えるが，店舗側が自由にクーポン部分を設計可能なため，来場者とのコミュニケーションを促すような設計もできる。例えば，店舗側がスマイル0円というクーポンを発行して，来店者がそれを見せると素敵なスマイルを提供するというものも実際に導入された。クーポンシステムを単なる割引を通じた販促，集客ツールと限定せず，地域コミュニケーションの促進ツールとしたことも，地域ならではの着眼点と言える。

　これら電子地域通貨は，すべてICT，ブロックチェーンという最新の技術をベースとしつつ，会津若松市という適度な規模のフィールドでの実証実験を通じて，その有用性を検証している（ユースケース）ことが興味深い。まさに会津ならではの特異性を生かしていると言えよう。

　そのようなユースケースを基盤として，会津のブロックチェーンを基盤とした電子通貨（暗号資産）は，現在カンボジアの中央銀行での導入が進んでいる。日本の地域での実証実験から，海外で実際の国民生活に取り入れられるようなものに進化しつつある現状には今後も注目すべきである。そして，これらで得られた知見を地域の金融機関と共有することができれば，より地域性の高いFintechサービスの創出にも繋がりうる。

　会津大学発のもう1つの主要なイノベーション事例として有名なものにはVRがある。VRは主要な利用者の年齢層が低いこともあり，大学生同士での連携の方が企業が介在するよりも面白いサービスが立ち上がる可能性もある。また，CODE for AIZUのように，行政課題をプログラマーたちが解決しようとする事例も存在する。後者については，地域と大学の距離感が近いことでよりリアルなプロジェクトとして認知，活用されやすい。会津若松市役所も地域のIT化には長年取り組んでおり，そういう官学連携を進めやすいことも，ICTをベースとした地域イノベーションを起こしやすい背景になる。

　なお，会津大学において地域との共同プロジェクトが多いのは，単にそれが地方に位置しているからではない。地域側がオープンマインドで自らの地域をアントレプレナーシップの溢れた地域にしようという意識があって初めて会津大学のような大学が生きてくる。ここでは，そのような会津若松市の取り組みを1つ紹介する。同市はスマートシティ構想を推進しており，全国から数多く

の企業をスマートシティの実証実験地域として誘致している。2019年には，市の中心部に「スマートシティAiCT」を開設した。これは，デジタル化実証事業拠点を強化する狙いであり，ICT関連企業，ベンチャー企業に入居してもらい，会津大学や地域企業や市民とのオープンイノベーションを実施していくものである。実際，アクセンチュア，三菱商事，NECなどが入居し，いくつかのプロジェクトが取り組まれている。これは，先で指摘した人材のサプライチェーンの不足を補うことにも繋がるので，官学による支援ということになる。スマートシティの実証実験に名乗りを上げる自治体や地域は全国に数多く存在するが，懸念されるのは「実験」が終わった後どうなるのか，ということである。実験期間のみ企業が進出してきて，実験が終了すると撤退して元に戻ってしまうのではあまり意味がない。会津若松市の場合は，会津大学とそれら入居企業とのコラボレーションがうまく機能すれば，大学側は地方からはなかなかアクセスしにくい企業とコラボレーションの機会を得られ，企業の知見を大学の研究教育活動に活かせる。大学単独で企業とのリレーションシップを築くのは容易ではないが，そこに自治体が主体的に音頭をとってくれることで相乗効果が発生しうる。会津若松市にとっても，会津大学をうまく生かしていると言える。

4 │ 民間視点からの大学発ベンチャーの可能性と課題

　ここでは少し趣を変えて，今回インタビューに応じてくれた藤井靖史客員准教授との会話から，いくつか大学発ベンチャーの可能性と課題について検討したい。まず，印象的だったのは，藤井氏が大学には起業・ビジネスに必要な人材（特にエンジニア）が多数存在しており，また，研究費という形の軍資金も，その金額の多寡は別として存在することを指摘したことである。加えて理系の研究室であれば，ビジネス化するモノ（研究シーズ）も存在していよう。よく，ビジネスの成功に不可欠なのはヒト・モノ・カネと言われるが，なるほどたしかに大学にはそれらはすべて存在している。このことに大学内部の人間は実はあまり気づいていないのではなかろうか。もしも，先輩で成功した起業家が登場すれば，その会社で働く後輩も登場する，そして，同様に起業家を目指すよ

うな学生も出てくるということで，次々と起業のバリューチェーンが形成され
ていこう。米国のスタンフォード大学やバブソン大学がその最たる事例と言え
る。

　一方，目先の課題としては，就職率，とくにいわゆる良い会社への就職率で
大学が評価される傾向が従前より存在するため，大学としてはベンチャー輩出
に力を入れたい一方で，従来型の評価指標も気にせざるを得ないという板挟み
になり得るということである。また，ベンチャー経営を指導する大学教員側の
自由があまり効かないことも挙げられる。特に国公立の大学教員の場合，給与
の一部が税金で賄われていることもあり，大学外の事業に使える時間は限られ
ている。兼業申請を行えば通る話もあるが，本業を疎かにするのではないかと
いう周囲からの疑念の眼差しに加えて，長い書類プロセスなどさまざまなハー
ドルが存在する。そうすると，大学教員の中でベンチャー企業の育成に積極的
に携わろうという人材は自ずと枯渇する。外部からの招聘講師にその役割を
担ってもらうということも不可能ではないが，大学全体のカリキュラムに
フィットした形，あるいは，起業教育の最終形（事業化）からのバックキャス
ティングで大学全体のカリキュラムを構築する場合，やはりその指導者には大
学内部の常勤の教員が存在した方がよい。このあたり，優秀な人材を大学内部
の人間としてベンチャー指導に当たることができるような組織編成や報酬のあ
り方については議論が必要である。

　大学にあって民間企業にないメリットとしては，パートナー間の利害衝突の
可能性が低いことである。企業にしてみると，大学はあくまでも研究を優先す
る存在ゆえに，オープンイノベーションを実施しやすい。このあたり，産学連
携によるビジネスがアメリカで次々と登場しているのも，それが1つの要因で
あろう。また，各種ヒアリングやインタビュー調査でも同様であり，大学だか
らこそスムーズに実施できることが存在する。学術研究目的，あるいは学生が
起業しようとしている場合，インタビューをされる側はよりオープンに議論を
展開してくれる可能性が高い。もっとも，最終的に事業化を目論んでいるとき
はそのことを事前に話すべきであるが，それでも，通常の民間企業によるヒア
リングに比べるとレスポンス率もその中身も充実したものにできよう。このよ
うな点からも，体勢さえ整えることができれば，大学からのベンチャー創出と

いうのは，まだまだ大きな可能性を秘めている。

5 ┃ おわりに

　以上，本章では比較的設立の新しい会津大学について，特にその地域性とコンピューター理工単科大学であることの特色を生かしたベンチャー教育について触れてきた。以下では，他の大学にとっての示唆となる3点を指摘しておく。

5.1　時代をとらえた学部設計と人材育成プログラム

　実は日本には，会津大学のようにコンピューター理工の学部や学科を有する大学は非常に少ない。それが，藤井氏によると，中国では桁違いに存在するとのことである。日本でも情報工学，あるいは情報理工学に広げると数多くの大学がヒットしてくるが，本章の冒頭に掲げたようなAI，ネットワーク，システム系，宇宙，プログラミング，ソフトウェア，知能システム，ロボット，環境，芸術，医療を学び，かつそれらを事業化するという，現代がまさに必要とするスキルを提供してくれる大学は非常に少ない。先でも議論したが，わが国で必要とされるIT人材の特性は変化しつつある。わが国での従来のIT人材は，SI（システムインテグレーション）を遂行するに不足ない人材の育成，すなわち仕様書がある中で確実にプログラミングができる人材を輩出する形式が主であった。一方，現代のITエンジニアは，自らサービスを考えて作り出す，そして周りを巻き込むようなリーダーシップ型，あるいは，強烈な個性を有するタイプのIT人材が求められつつある。その点，日本の大学においては，イノベーションに重要となるIT人材の育成の重要さは増す一方で，リーダーシップ教育の重要さも同様に増していくと考えるべきである。会津大学が，コンピューター理工の単科大学にありながら，ベンチャーの基礎科目や体験工房を設置することで，事業化マインドを植え付けていることは，そのような問題意識を反映していると言える。単なる文理融合ではなく，いまの時代に求められる人材像を見据えて，柔軟に俊敏に大学側が対応すべきである。その意味，大学の教員側，執行側も，従来の専門性への過度な執着を見直す時期に来ている。
　また，近年では，データサイエンティスト向けの新設学部を設置する動きも

見られるが（滋賀大学や横浜市立大学など），ここでも分析するデータは実際に企業が扱っているデータや行政データとなっており，実社会の課題を解決することを教育プログラムに組み込むことは，もはや必要最低限となる時代も近い。もっとも各種理論の理解は当然必要なので，座学と実践のバランスが重要になるが，実践を意識した座学というマインドセットの醸成も必要になる。

5.2　課題発見型人材の育成教育プログラム

　企業とのコラボレーションもさることながら，現代の日本では人口減少と高齢化社会において，行政サービスの維持のためのデジタライゼーション（DX化）は欠かせず，産学のみならず官学連携でのイノベーション，アントレプレナーシップ創出の重要性はこれまで以上に高くなっている。この点，会津若松市と会津大学の規模感は程よいと言えよう。課題を抱えている人と課題解決者（会津の場合は会津大学のコンピューターの専門家集団）の距離が近いことが双方にとってのメリットである。例えば，空き家対策など，日本の多くの地域が抱える課題に取り組む場合，実際にアイデアを試すフィールドがそばにある会津と都市部とでは，前者の方が実証実験をやりやすく，すぐにフィードバックをプロダクトやサービス改善に活かせる。実際，このように地域をフィールドとして活用できることのメリットを感じて，中には東大大学院を合格したにもかかわらず，会津大学大学院に進学した学生も登場したとのことである。たしかに，都市部では，このようなリアルな実証研究は容易ではないであろう。

　一方の課題としては，規模感ゆえの裏返しとなるが，地域でのアントレプレナー活動，イノベーション活動が特定の人や集団に依存しがちという側面もある。例えば今回インタビューに応じてくれた藤井靖史客員准教授をはじめ，地域でコアとなりリーダーシップを発揮して大学発ベンチャーの誕生や育成に関わる人材の影響は大きい。中長期的には彼ら依存とならないような仕組み化が必要である。ただし，今はそれら特定の人や集団依存であったとしても，ひとたび地域でのイノベーションエコシステムが形成されれば，次々とそのようなコア人材の集積につながっていくはずなので，今の段階では特定の人や集団依存を脱却を目指すよりは，それら人材が存在するうちになるべく早くエコシステムを形成することを優先すべきである。

194

5.3　外部リソースの巻き込み

　会津大学の事例からのもう1つの示唆は，リソースを充実させればさせるほどに大学発ベンチャーが生まれるわけではない，ということである。会津大学では，正規カリキュラムで教えられているベンチャー関連の科目数は決して多くない。また，「ベンチャー基本コース各論Ⅰ，Ⅱ」「ベンチャー体験工房」ともに，各回の講義は外部の専門家に委ねている部分が大きい。自前でリソースが用意できなければ，外部を活用するという発想である。また，実際の事業化に際しては，事業計画書や資本政策の作成，そして事業化後は経営の遂行のさまざまな場面において専門家の助けが必要となる。会津大学の場合，そのようなヘルプが必要な場面では，内部で頼れる人材に限りがあるため，学生側から積極的に行動して，外部講師，ゲスト講師など頼れるものはなんでも頼るしかない状況だそうである。当事者たちにしてみると大変だとは思うが，規模に関係なくイノベーション，アントレプレナーシップに関する教育と実践は可能であることを会津大学の事例は示している。

　一方，同じリソースでも，資金面では会津大学でも状況は容易ではない。上で議論したように，大学にはアントレプレナーシップに必要なヒト・モノ・カネが存在する。しかし，そのカネについては，「研究費」というものであり，事業活動に使用することは基本的に不可能である。しかし，今後のイノベーション，アントレプレナーシップ活動がより社会実装性を検証するものになればなるほど，いわゆる活動費が必要となる。このあたりの手当ても今後大いに検討するべきである。会津大学のプログラムは，当初は政府からの1700万円の資金が活動費として使えたが，持続的かつ発展的なプログラムにしていくには事業資金の継続的な確保が欠かせない。リソースの限られた中で，ベンチャー企業を支援する側が，その資金調達にまで奔走しないといけない状況では，プログラムの実効性は劣ってしまう。著者が客員研究員として滞在したスタンフォード大学では，大学院生による課題解決系のプロジェクトには，交通費を含めてプロジェクト費が大学から支給されていた。そのような仕組みは，日本の大学全体で考えて仕組み化していくべきである。

◆　謝　　辞

　インタビューに応じてくださった会津大学の藤井靖史客員准教授にお礼申し上げる。

◆　参考文献・URL

会津大学　ベンチャー体験工房「会津IT日新館」
HP〈https://www.u-aizu.ac.jp/curriculum/aizuitnisshinkan/〉

WEBの情報は，原稿執筆時の情報に依拠している。

第10章
慶應義塾大学

起業家精神養成を重視した起業支援

―文理融合型のキャンパスから柔軟に生まれる起業家と
ベンチャー企業―

1 はじめに

　近年，慶應義塾大学では，大学発ベンチャー創出のための取り組みについて三田キャンパスの本部に慶應義塾大学オープン・イノベーション推進本部を設置し，全学一体となったワンストップ・サービスを行っている。この大学内の組織は，研究から生み出されたシーズを企業等との連携により社会に実装し，かつ，この過程に大胆な経営的観点を導入することで収益拡大を図り，大学そのものも成長・自立できるエコ・システムを構築することを設置の目的としている。しかし，そもそも慶應義塾大学におけるベンチャー企業の創出は，三田キャンパスと湘南藤沢キャンパス（以下，SFC）で独自に行われてきた。両キャンパスとも同じ法人に属しているが，実はベンチャー企業の創出に関しての価値観や取り組み方などは大きく異なり，各キャンパスが独自のカルチャーを持っている。

　中でもSFCは起業家精神を養い社会に出て活躍する起業家を多く輩出することで有名である。その方法は特にユニークで，会社設立を促すことは全くせず，起業家精神の真髄を涵養することに重きを置く。SFCは，1990年に湘南・藤沢キャンパスを開設した当初から，キャンパスを新しい枠組みで作り，そこに集う学生の新しいコミュニティを作るという理念を公に掲げていた。そのため，入学してくる学生も，新規性あることに関心のある学生が元来より多かった。SFC開設当初の学生の中にも，現代活躍する多くの起業家が存在する。1期生には，楽天の創業メンバーが何人もいるし，クックパッド株式会社や株式会社カヤックの経営者なども卒業生である（**図表10-1**）。また，そのようなIT企業にとどまらず，HMTやスパイバーなどバイオ・インフォマティクス分野でも成功事例を輩出している。すでに東証1部に上場した元卒業生の経営者もいる。一方で，社会起業家も数多く輩出している。そこで本章では，このようなSFC独自の大学発ベンチャー創出の取り組みについて考察してみたい。

　SFC地域における大学連携型起業家育成の動きは，2004年に地域振興整備公団と地元自治体との共同で，同地域における新規事業創出を支援する活動を行うための体制整備を開始したことに始まる。以下では，SFCにおけるインキュ

図表10－1　慶應義塾大学湘南藤沢キャンパス出身のITベンチャー企業

企業名	経営者	URL
クックパッド株式会社	佐野陽光	https://info.cookpad.com
株式会社じげん	平尾丈	https://zigexn.co.jp
株式会社コロプラ	千葉功太郎	https://colopl.co.jp/index.php
Sansan株式会社	寺田親弘	https://jp.sansan.co
コーチ・ユナイテッド株式会社	有安伸宏	http://cyta.jp/
BEENOS株式会社	佐藤輝英	https://beenos.com
株式会社カヤック	柳澤大輔	https://www.kayac.com

（出所）起業家王国！慶應SFC出身のITベンチャー経営者7選のHP〈https://jp.stanby.com/media/sfc-ceo/〉より作成。

ベーション活動の中心的組織として設立されたSFCフォーラム（以下，SFCF）について特に詳細に考察する。第2節では，SFCフォーラムの役割を設立の経緯，事業の内容，SFC発ベンチャーの具体例などを挙げながら考察する。次に第3節および第4節では，SFCFの投資方針・運用ファンドの概要について，ファンド・コンセプト，技術シーズの発掘・評価・育成，投資方針，運営に関わる詳細な具体的項目から検討する。また第5節では，慶應藤沢イノベーションビレッジ（以下，SFC-IV）という，SFCと神奈川県および藤沢市とともに連携して設置された起業家育成施設の位置づけと役割についても検討する。最後に第6節では，本章の総括を述べる。

2 ┃ SFCフォーラムの役割

2.1　SFCフォーラム設立の経緯

SFCFは，SFCの理念に基づき，経済界を担う人々と大学スタッフとが時代の要請する新たな「知」の再編成と創造を目指すコミュニケーションの「場」として，SFC開設と同年の1990年に活動を開始した団体である。当初は任意団体として活動していたが，ガバナンス強化のため2012年4月に一般財団法人として再発足し，SFCと密接に連携した活動を行ってきている。

SFCFの目的の1つは，社会の課題を先取りし，未来へのビジョンを明確に

するベンチャー企業を創出することである。そのためにSFCFは，地球視点で世界最高水準の教育・研究を行おうとするSFCの理念に基づき，世界の人材を一堂に集め，経済界を担う人々と大学教職員と協力し合い，時代の要請する新たな「知」の再編成と創造を目指すためのコミュニケーションの場を提供する。また，大学を媒介として豊かな発想と広い視野を共有することを行う。さらには，グローバルに学術界，産業界，行政等からの知見を集め，世界最先端の教育研究活動を持続的に行い，その研究成果の活用により社会生活の向上に寄与することを望んでいる。

　SFCFでは，インキュベーション戦略として，「慶應義塾をベースにしたインキュベーション・プラットフォームの創成と展開」というビジョンを掲げ，大学で行われている教育と研究をベースにしたインキュベーションを目指している。大学は本来，教育・研究を行う機関であり，そこから乖離したインキュベーションは身の丈に合わないし，成功しないという姿勢で活動に取り組んでいる。SFCFは，このようなスタンスに加え，産業界で活躍する層の厚い卒業生との強い関係を活かし，「学び・研究・実践」を一体となって推進する母体となっている。SFCFの具体的な取り組みについては，以下のような3点が挙げられる。

- 起業家，起業家支援者のネットワーク形成，情報交流を促進し，所属団体を超えた，起業家支援コミュニティを経営する。
- 慶應義塾大学発ベンチャーや起業家と，コミュニティ参加者との接点を提供する。
- 慶應義塾大学の研究者との接点を提供し，研究成果・技術動向の事例を共有する。

　上記3点のような大学発ベンチャー創出の取り組みの中で，特に大切にしている考え方は，起業家精神の養成を心がけているという点である。教育の現場では，「会社を設立せよ」を目標としないことにしている。また，慶應義塾大学から生まれたベンチャー企業数をカウントして記録することもしていない。起業したベンチャー企業の数よりも，学生がそこで学ぶ起業家としての精神を高めることにSFCFの活動の重きを置く。なお，ここでいう起業家精神とは以

下のような考え方や態度として教えられている。

- 社会や組織の問題解決に繋がるような新しい事業を創造すること
- 問題発見・解決能力・積極的な行動力などを育むこと
- 自分の能力がどんな問題を解決できるかを考え行動すること
- 自分自身を自分でコントロールすること

　大学発ベンチャーの設立が目的ではなく，上記のような精神をいかに育むことができたかが重要であるため，結果として，誰も起業した会社を数えない。数えることには意味がない。しかし，結局は起業家精神を鍛えれば，自然と会社の創業を促すことになる。実際，SFCとSFCFの活動により，これまで100社以上の会社が大学発ベンチャーとして社会で活躍している。このようにSFCFは学生の起業家精神を育み，結果として大学発ベンチャーを次々と創出することに成功している。

2.2　SFCフォーラムの事業内容

　2019年4月現在におけるSFCFの活動内容は，① 講演・研究発表事業，② 教育・研究支援事業，③ 新事業創造支援事業，の3つとなっている。以下では，それぞれの事業について個別に検討する。

2.2.1　講演・研究発表事業

　SFCFの取り組みに関心を持っていたり協賛したいと思う企業の経営者層が会員となり，「SFCフォーラム」として産学交流・セミナー事業を運営している（図表10－2）。これは，経済，政治，外交，文化，技術など，幅広い分野の最新の知見を提供するとともに，産業界のリーダーと深い議論を行う場を提供するという目的で企画・実施されている。具体的には，定例昼食会，研究セミナー，経営サロン，賀詞交換会などを開催して，会員間の交流を促進している。
　また，研究発表・シンポジウムなどの開催事業も実施している。SFCの研究プロジェクトが主催する研究成果発表会やシンポジウムの企画運営を支援したり，産業界や公的機関と連携したセミナーやシンポジウムの企画運営を行っている。

図表10-2 SFCフォーラム（会員セミナープログラムの一例）

1）定例昼食会

日時	テーマ	講師	肩書
2014年			
5月23日（金）	「ビッグデータ分析と5次元世界地図の構想—グローバル環境システムリーダープログラム（GESL）への応用—」	清木康	慶應義塾大学 環境情報学部教授
7月25日（金）	「帰路に立つ日本と大学の行方」	上山隆大	慶應義塾大学総合政策学部教授
10月24日（金）	「ブレンダーのつぶやき・蒸溜酒の世界〜ウイスキー・ブランデーの歴史・文化・製法と楽しみ方〜」	冨岡伸一	サントリービジネスエキスパート株式会社 品質保証本部・品質保証推進部
2015年			
2月13日（金）	「生涯現役社会の実現を目指して」	清家篤	慶應義塾長
3月13日（金）	「終末期医療—家族等が医療の中止を求めても、医師はなぜ中止をしなかった（しない）のか—」	前田正一	慶應義塾大学大学院 健康マネジメント研究科教授

2）研究セミナー

日時	テーマ	講師	肩書
2014年			
6月13日（金）	「証拠の保全とデジタル・フォレンジック　企業が裁判に備えるために」	佐々木良一	東京電機大学未来学部情報メディア学科教授
9月24日（水）	「価値を生み出す新連携戦略〜ベンチャー企業と大企業の新たな役割分担について〜」	岩井利仁	パナソニック株式会社渉外本部担当部長
		本田知行	トーマツベンチャーサポート株式会社アドバイザリーサービス事業部チーフコンサルタント

12月1日（月）	「いま企業で何が進行しているか：メンタルヘルス対策の現状とこれから」	野口海	慶應義塾大学大学院 政策・メディア研究科特任准教授

3）賀詞交換会（立食形式での賀詞交換・交流）

日時	2015年1月6日（火）
場所	慶應義塾大学三田キャンパス　ファカルティグラブ
プログラム	新春講和「2025年に向けた社会保障制度改革と団塊世代の老後」高木安雄（健康マネジメント研究科委員長・教授）

（出所）一般財団法人SFCフォーラムのHP〈http://www.sfc-forum.or.jp/event/2014/index.html〉より作成。

2.2.2　教育・研究支援事業

　当該活動内容においては，大きく2つの事業内容が挙げられる。第1に，リサーチ・アドミニストレーション・サービス（URA機能）である。これは，ワンストップでの研究支援サービスを提供する機能で，例えば，研究者のパートナーとして，研究費獲得にあたってのPre-Award活動，研究費管理や研究活動で発生する不可欠な事務手続きへの対応，研究成果発信やプロモーションなどPost-Award活動などに迅速に対応するためのサービスを提供している。

　第2に，慶應義塾大学湘南藤沢学会事務局を運営している。当該事務局では，SFCの研究・教育活動の成果を発信する役割を担っている。例えば，研究会優秀論文，優秀修士論文・博士論文，「KEIO SFC REVIEW」および「KEIO SFC JOURNAL」など出版物の刊行やシンポジウム開催等の活動を通じて，研究発表や研究ネットワークの場の運営を支援している。

2.2.3　新事業創造支援事業

　当該事業内容には，主として3つの事業が含まれる。第1に，ベンチャー・インキュベーション事業として，SFCの起業家（学生，卒業生を含む）への創業支援サービスを提供している。この事業は，SFC隣接地に開設された起業家育成インキュベーション施設であるSFC-IVと連携し，起業家・起業家支援者向けセミナーの開催などを企画・実施する。

204

図表10－3 TOMODACHIセミナーのフロー表

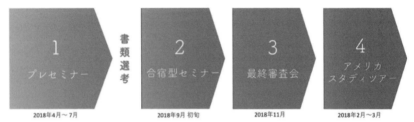

The 8th
U.S.Embassy - Keio SFC – TOMODACHI
Entrepreneurship Seminar

（出所）TOMODACHIのHP〈http://www.keiosfc-tomodachi.com/about/〉より転載。

　第2に，アメリカ大使館とのコラボレーションによる起業家精神涵養セミナーを実施する事業を行っている。SFCFは2011年より，アメリカ大使館等と連携し，全国の学生を対象にした起業家精神涵養セミナーであるTOMODACHI Entrepreneurship Seminarを企画運営している（**図表10－3**）。

　第3に，投資事業組合管理業務を行っている。SFCFは，SFC関連のベンチャー企業を支援するための投資組合を運営しており，シーズ段階のベンチャー企業に対して500万円から3000万円までの投資を行う。

2.2.4　研修・コンサルティング事業

　自律的なキャリア形成に対する研究調査，キャリアアドバイザーの育成，自己評価ツールの開発，キャリア自律研修実施，人事スタッフに対する新しいキャリアサポートプログラムの提言などの活動を行っている。また，企業の現場で実践的に活用できるサービス開発やコンサルティングサービスなども提供している。

　さらに上記の主要な4事業以外にも，企業との個別連携プロジェクトや，

SFCにおける教育，研究，新事業創造活動の支援も随時行っている。

3 SFCFファンドの投資方針・運用ファンドの概要

3.1　ファンド・コンセプトと概要

　SFCFファンドは，在校生，卒業生，教員など SFCに深く関わる多様な者を対象とした，ベンチャー企業に特化した投資ファンドである。SFCFのファンド・コンセプトは，SFCから生み出される革新的な事業アイデアを初期段階から支援することにより成長を加速させ，成功する起業の輩出を図り，そのリターンを持って次なる起業家の支援に資することにある。

　SFCFのファンド規模は総額3億円となっている。1回当たりの投資額は500万-3000万円程度を想定している。この投資額は，投資後の企業の時価総額が1億円から3億円となることを想定し，そのうちの持株比率10％前後の金額として決定している。またファンド期間は原則10年間で，状況に応じて2年間の延長ができることになっている。投資対象としては，SFCFのファンド・マネージャーが強みを持つ分野や，SFCに関わる利害関係者のコミュニティの力を最大限に発揮できる分野に集中する方針となっている。なお，投資後の支援内容やイグジット戦略の違いを考慮して，ICTを活用しない医療分野案件や工学分野案件は対象としないことになっている。

3.2　技術シーズの発掘，評価，育成について

　SFCFでは，教員の技術シーズを発掘して起業に導くという活動は積極的にはやっていない。なぜなら，教員が起業を考えている場合には，彼ら自ら相談に来るので，SFCFからアプローチを行う必要はそれほどないと考えている。また，そのような教員からのアプローチは比較的多くあるようである。

　教員のケースと比較して，学生からの起業の相談は，教員よりも多く集まっているようである。学生からの起業相談の案件が多いのは，コンピュータ・サイエンス系の学部環境情報学部である。インターネットを使った新しいサービスやアプリを開発する事例や，IoTやAI，ロボットなどに関連した起業の相

談は，すべてこの環境情報学部の学生から寄せられる。また，文系に近い総合
政策学部の学生からの起業相談もある。比率で見れば，環境情報学部が8割，
残りの2割が総合政策学部の学生によるものであるという。

　SFCにおける起業アイデアの特徴として，文系と理系が融合した起業アイデ
アもよく見られる。SFCでは学部内での文系と理系の垣根が低く，各学部のカ
リキュラムの自由度も高いことが影響していると考えられる。このような学部
の特徴の影響も，起業する分野などに影響を与えていると考えられている。例
えば，学生は環境情報学部に所属していても，総合政策学部の授業単位を取得
することができる仕組みになっている。また，学部で固有に求められる必修単
位数が少なく，他の学部の授業単位であっても自由に卒業要件の単位として積
み上げていける。

　学生にとっても，総合政策学部だから文系だという感覚はないようである。
ゼミナールについても，1年生の後半から履修できるようになっているが，半
年ごとに所属ゼミナールを移ることができる。ゼミナールの履修についても，
学部間の垣根が低い。例えば，1年目は医療政策をやっている先生のゼミナー
ルで義手・義足問題をテーマに勉強し，2年は技術系のゼミナールに入って義
手・義足を3Dプリンターで作る方法を学ぶといったことが，大学の履修制度
的にも全く制約なくできる。このような履修制度の自由度は，文理融合のSFC
キャンパスでの大学発ベンチャーの力強さを後押ししていると考えられる。

　さらに，カリキュラムについていえば，SFCにある学部については，1年生
の必修科目の中に事業計画を学ぶ授業があり，その授業の最後の課題は試験や
レポートではなく，ビジネス・プラン作成という事業があり，学生は在学中に
必ず起業や事業創造などに触れる機会が設けられている。専門の授業でも実践
的な授業が多く，アントレプレナーシップ系の授業では，事業計画を作り，収
益モデルを研究し，最終考査はベンチャーキャピタリストに来てもらい，プレ
ゼンの良し悪しで成績が決まるものもあるという。

　技術シーズや起業支援先の発掘については，大学の各授業に少しだけSFCF
ファンド・マネージャーの廣川克也氏が登壇し，そこでSFSCの概要，活動・
支援内容の紹介，施設紹介，セミナーやコンテストの情宣などを実施したり，
事業計画立案や収益モデルなどの特別講義を実施するという地道な活動を行っ

ている。

3.3　投資方針

　慶應義塾大学のベンチャー・キャピタル（以下，VC）としては，SFCFファンド以外にも慶應イノベーション・イニシアティブ（以下，KII）（https://www.keio-innovation.co.jp/about/）という，総額が約45億円という規模が大きいVCが存在する。このKIIは主にシリーズA以降の案件に1億円程度投資するファンドになっている。これと階層的な位置づけなのがSFCFファンドである。SFCFファンドの投資方針は，上記のとおり，主要な対象として1000万円から3000万円の投資としているが，この程度の金額の場合には，デュー・デリジェンスをして投資委員会で判断をし，投資決定を行う。

　ただし300万円から500万円程度の投資案件も扱うことがあり，有望そうなシードに対しては，比較的に柔軟な姿勢で投資決定を行うという。このような投資の原資としては，ファンド全体のうち5000万円程度の枠を設けている。この枠の投資方針としては，事業として社会に認知されていないもので，革新的なアイデアを事業化しようというものを支援することにある。したがって，他の投資家の出資を受けていない会社，あるいはごく初期の投資を受けた会社も投資対象となっている。管理負担を最小限に抑えるとともに，リソースを支援に集中する目的のため，全体で10－15社程度に投資をすると決めている。

　SFCFファンドが投資した有望なシードが順調に成長し，会社組織としての形態が整い，実績が出て時価総額が上がって来ると，億単位の資金調達が必要になる。そのときには，KIIや外部のVCに投資を打診する。基本的に，SFCFファンドは大学発ベンチャーがそのステージに至るまでの支援を行っている。

　SFCFファンドのファンド・マネージャーの廣川氏は，現在SFCFファンドが対象としている規模に対する，民間VCベンチャー投資が存在していないことを指摘する。億単位で投資を考える大規模ファンドでは，1000万円－3000万円程度の小規模な案件は面倒で実施されない。また個人投資家の場合には，投資が行われても事後的にベンチャー企業と投資家の間でトラブルが多く発生することを指摘する。廣川氏は，SFCという大学の名前が付いたファンドが，教育の一環として，学生による創業ベンチャー企業の最初のステップを駆け上が

るために投資を行うことには，大きな意味があると主張している。なお，SFCFファンドの出資金は金融機関による拠出であり，ファンド・マネージャーの廣川氏が依頼を行い実現した。

　SFCFの投資ファンドは，キャピタル・コール制を採用している。当初は50％を出資してもらい，総額1億5000万円で運営を開始している。今後，ファンドの残金が少なくなってくるとキャピタル・コールを行い，総額3億円まで残金が出資される。

　2017年7月のSFCFファンド設立以来，毎月15－20件程度のビジネス・プランの投資案件が出て来る。それらの案件の中でも，ファンド・マネージャーの2人が特に面白そうだと思い，直接会って議論する案件は月に2－3件程度にとどまるという。そのうち，実際に投資委員会で図る案件は，月1件あるかないかというのが実情のようである。

3.4　ハンズオン支援活動

　SFCFファンドのハンズオン支援活動の基本方針としては，コア事業への集中と顧客の創造，資金管理を徹底することを挙げている。市場における競争優位を明確にし，かつ維持・成長させるため，経営資源をコア事業に集中し，それ以外は取り組まないという基本的考え方に基づき行動している。SFCの人脈を活用し，できるだけ多くの顧客候補や業界のキーマン等と接点を持ち，強みや立ち位置を把握して経営にフィードバックする。アーリーステージのベンチャー企業は，経営，営業，財務の知見を持った人材が経営チームに揃っていないことが多い。特に経営と財務の知見を持った人物の不足を補い支援することを念頭に置いて行動している。

　また，数多くの成功した起業家を持つSFCのネットワークを活用し，投資先企業と卒業生のコミュニティを作り，さまざまな情報や人材などのリソースを得る。人材提供，事業連携，資本提携，M&Aなど，双方にとってメリットのある，あらゆる機会を創造するような活動をハンズオン支援として実施している。

3.5　イグジット戦略

　イグジット戦略については，各社の戦略の設計を支援するというよりは，各社が元々どういう方針を持っているのかというところを加味しながら，SFCFファンドの方針との整合性を考慮して判断する。投資先の企業は，IPOやM&Aなど多様な出口戦略を考えているので，各社がどのような戦略を有しているのかを評価するところから行う。IPOの場合には，主幹事証券，監査法人等のネットワークを生かし，時間とコストの少ない準備ができるように側面支援する。またM&Aについては，売却先の選定は経営陣と熟考を重ね判断し，売却後もその企業が成長できることを前提として実施を企画する。

4 | 投資体制

4.1　運営体制

　SFCFファンドの運営体制は次の**図表10－4**のようになっている。投資委員会は，ファンド・マネージャーで案件発掘を担当する廣川氏および事業支援担当の渡邉安弘氏の2名に加え，GP（無限責任組合員）であるSFCFの理事，幹事，外部の元ベンチャーキャピタリストの合計6名で運営されている（**図表10－5**）。原則としては，投資案件の決定は全会一致で決定する。ただし，常任のファンド・マネージャーの廣川氏と渡邉氏が合意した案件については，基本的には合意するという約束になっている。実施回数は特に決めておらず，デュー・デリジェンスの必要性次第で，月に2回から3回実施するときもあるし，一度も実施しない月もある。

210

図表10−4 一般財団法人SFCフォーラムの運営体制

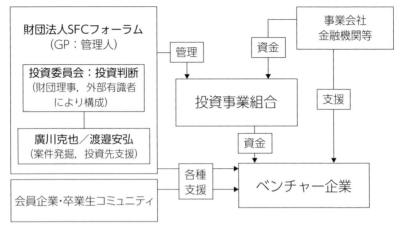

（出所）一般財団法人SFCフォーラム「SFCに特化したVCを設立します。」より作成。

図表10−5 一般財団法人SFCフォーラム役員

代表理事	花田光世	慶應義塾大学名誉教授
理事	石崎俊 茅原修一	慶應義塾大学名誉教授 慶應義塾名誉参与
監事	山中一郎	朝日ビジネスソリューション株式会社代表取締役 公認会計士 税理士
評議員	相磯秀夫	東京工科大学理事 慶應義塾大学名誉教授
	徳田英幸	慶應義塾大学名誉教授
	廣田とし子	慶應義塾大学湘南藤沢キャンパス事務長

2018.12.13現在
（出所）一般財団法人SFCフォーラムのHP〈http://www.sfc-forum.or.jp/event/2014/index.html〉より作成。

4.2　管理報酬・成功報酬の仕組み

　SFCFファンドの管理報酬は，毎年ファンド総額の2％と決められている。成功報酬は，計算方式を投資委員会と出資者（金融機関）と相談して決めており，それに基づいて計算している。投資は基本的に普通株の取得という方法で

行われる。SFCFファンド側は，投資により将来の経営権を支配することは全く考えていない。また，例外的に，優先株や新株予約権へ投資する場合もある。このような例外が発生するのは，会社が次の資金を得られやすいように，会社の要望を優先するようなときのみに限られるようである。SFCFファンドは，規模が大きいVCが興味を持つまで，ベンチャー企業の成長を促すための投資をすることを主な目的としている。後から投資するVCが投資しづらくならないように，どの種類の株式に投資するかについては最新の注意を払い投資意思決定を行っている。

4.3　出資者への報告

　SFCFから出資者への報告としては，四半期ごとに出資先の金額およびファンドの残金がいくらかを報告するレポートを送付している。また，出資先のベンチャー企業がどうなっているかという投資先の情報もレポートに含まれる。レポートの種類としては，四半期の定期レポートに加え，随時，出資者からの問い合わせで送付するレポートの2種類が存在する。出資者は，ベンチャー企業に関する新しい情報を求めているため，投資委員会の判断から落ちた案件についても新しい情報として求める場合がある。そのため，投資先情報やその他の関連する情報についても，柔軟に報告できるような体制をとっている。また，出資者は，投資委員会にオブザーバーとして参加できる資格もある。

5 ｜ 慶應藤沢イノベーションビレッジ（SFC-IV）

　SFC-IVとは，独立行政法人中小企業基盤整備機構が，SFCおよび神奈川県，藤沢市と連携し，新事業の創出・起業に取り組む方を支援するために，平成18年3月に設置された，起業家育成施設である。

　SFC-IVは，SFCのシーズを活用するベンチャーのためのインキュベーション施設にとどまることなく，「革新的（Innovation）」に変化を遂げていく「地域の拠点」として位置付けられる。運営関係者（中小機構，SFC，神奈川県，藤沢市），並びに入居者（起業家）が地域住民と協働・一体となって（village），地域活性化を実現することをコンセプトとしていることに名称が由来している。

　SFC-IVの特徴としては，第1に，SFC-IVはSFC地域内にあり，研究者や起業を志す学生が大学での研究成果を本施設に持ち込んでビジネス化を進めたり，企業や個人の方が大学研究者との共同研究や技術相談を行う上で，メリットがある。第2に，施設には常駐のインキュベーション・マネージャーがおり，運営関係者が一体となって連携することで，入居者がビジネス展開上必要な資源を包括的に受けることができるという便益がある。また，無料で利用できる会議室等の共用スペースが設けられていたり，充実したITネットワーク環境，レンタルサーバが完備し，さらには駐車場も借りることができる。部屋の賃料については，藤沢市の賃料補助制度を利用して賃料の割引を受けることも可能である。

　このSFC-IVでは，SFCFと連携し，起業家や起業家支援者向けセミナーを多数開催したり，起業家向けサロンスペースを確保し，主として学生起業プロジェクトの作業・事業スペース，勉強・交流の場として提供し，プレインキュベーション機能を備えた場づくりを行っている。このような施設の存在により，学生，卒業生，教員，専門家，投資家などからなるエコシステムを形成し，インキュベーション・コミュニティのハブとして，積極的に利用されている。

6 ┃ おわりに

　本章では，慶應義塾大学のSFCにおける大学発ベンチャー創出の動きを，主にSFCFの活動を通して考察してきた。以下，本章で紹介したSFCFの取り組みからのインプリケーションを示す。

6.1　自発的な起業を誘発する環境づくり

　SFCFの大学発ベンチャー創出策は，国立大学のVCに見られるような積極的にシーズを発掘するタイプではなく，起業家精神養成を重視し，起業家およびその支援者とのネットワーク形成のためのさまざまな機会を提供するというロジスティック戦略を採用していることが明らかとなった。SFCSでは他の国立大学のVCが取り組んでいるような教員や学生の技術シーズを発掘して企業に導くという活動は積極的にはやっていない。人々の起業家精神を鍛えること

で，自発的に窓口への起業の相談は増えるし，会社の創業自体も促される。この手法は，結果として，SFCから大学発ベンチャーを次々と創出することに成功している。

6.2　文理融合のフレキシブルなカリキュラム

SFCの教育環境が，文系と理系という一般的な大学では存在する垣根を取り払い，学生や研究者の多様なニーズに対応できるフレキシブルなカリキュラム制度を採用していたことも，ベンチャー創業への間接的な後押しになっていると考えることができた。

文系と理系のゼミナールを半期ごとに渡り歩き，学生が自分の起業アイデアを垣根なく追求できるフレキシブルな履修システムは，日本の他の大学には探すことができないSFCに固有の特徴である。起業を考える学生にとっては，使えるツールは文系であろうが理系であろうが，とことん活用できるという理想的な環境が整備されている。

6.3　ギャップ・ファンドとしてのSFCFファンドの役割

慶應義塾大学には シリーズA以降の案件に1億円程度投資するKIIというファンドがあるが，これと階層的にSFCFファンドが存在していた。SFCFファンドでは，有望なシードに対しては，他のVCが採算に合わないという理由で行わない少額な投資も柔軟な姿勢で行っていた。これはSFCFファンドが，事業として社会に認知されていなくても革新的なアイデアの事業化を試みる起業家を支援するという使命を担って投資事業を行っているからである。これらの企業が順調に成長し，更なる資金調達が必要になった場合には，KIIや外部のVCに投資を打診する。SFCFファンドは，大学発ベンチャーがそのステージに至るまでの支援を行っている。

2017年の中小企業庁の発表によれば，日本の新規開業率は他の先進国と比較して非常に低い水準であるといわれている。また，同じく2017年のGlobal Entrepreneurship Monitor（GEM）の世界的な調査によれば，日本の起業家精神指数が54ヵ国中の最下位であったと報告されている。このような中でも，確

実に起業家を輩出してきているSFCの実績は，関わる人同士を繋ぐソーシャルキャピタルの構築がSFCFによって促され，その結果として起業家精神が誘発され，究極的には起業に繋がっている結果とも考えられる。近年，ソーシャルキャピタルと起業家精神，開業・創業の関係に関する研究が急速に進んでおり，本章のSFCFの事例もその関係を裏付けるケースとなりうるかもしれない。

◆ 謝　辞

　本章の執筆のためにインタビューのご協力をいただいた廣川克也氏（一般財団法人SFCフォーラム事務局長・ファンド・マネージャー）対し，ここで心より感謝申し上げる。

◆ 参考文献・URL

木南章，木南莉莉，古澤慎一（2019），「起業家精神と起業環境が開業率に与える影響：都道府県データによる分析」，『新潟大学農学部研究報告』，第71巻，pp.9-16.
中小企業庁（2017），『中小企業白書2017年版　成長の芽を次世代へ繋ぐ』日経印刷。

一般財団法人SFCフォーラム〈http://www.sfc-forum.or.jp〉
慶應イノベーション・イニシアティブ〈https://www.keio-innovation.co.jp/about/〉
慶應義塾大学湘南藤沢学会〈https://gakkai.sfc.keio.ac.jp/index.html〉
慶應藤沢イノベーションビレッジ〈https://www.smrj.go.jp/incubation/sfc-iv/〉
U.S. Embassy – Keio SFC – TOMODACHI Entrepreneurship Seminar〈http://www.keiosfc-tomodachi.com〉

WEBの情報は，原稿執筆時の情報に依拠している。

終章

神戸大学と徳島大学の
技術移転パフォーマンス
―技術移転機関（TLO）の組織運営が与える影響―

1 ┃ はじめに

　2004年に施行された国立大学法人化法により国立大学法人は，文部科学大臣が定める6年間の中期目標期間に基づき，各大学において中期計画・中期目標を策定することが義務付けられ，戦略的な取り組みが進められている。その中で，産官学連携は，教育・研究に次ぐ新たなミッションとして位置付けられている。わが国の産官学連携は，1995年科学技術基本法の成立と，同法に基づいて第1期科学技術基本計画が策定されたことにより活発化した。1998年には，大学等における技術に関する研究成果の民間事業者への移転の促進に関する法律（大学等技術移転促進法）が成立し，全国に技術移転機関（TLO）が整備されることとなった。また2003年には，文部科学省の大学知的財産本部整備事業により，知的財産本部が全国33大学と1機関に設置された。これらの政策により，産官学連携はわが国の産業競争力強化やイノベーション創出において重要な役割を担うこととなった。

　一方，地方経済においても，地方の社会経済の活力低下が深刻化する中，地域経済全体の引き上げや雇用創出など，地域の活力を再生することが重要な課題となっており，イノベーションを生み出す拠点として，地方大学への期待が大きくなっている。科学技術イノベーション総合戦略（2015）（内閣府のHP参照）では，地方大学が地域の「知の拠点」として機能し，地方大学に存在している最先端の研究成果をイノベーションに繋げ，地域が持つ強みを活かしつつ，高付加価値な製品・サービスを創出し，ビジネスとして展開することが重要であると指摘されている。また，地方大学の知的財産の活用による地方創生のためには，地方大学自らが知的財産戦略を打ち立て，戦略的な知的財産活用を推進するとともに，大規模大学に比べて経営資源が乏しい地方大学に適した知的財産マネジメント体制の構築が重要であり，継続的・自律的な産官学連携の推進が求められている（三菱総合研究所，2017）。さらに，地方大学の経営に関しても，2004年国立大学法人化法による国立大学の法人化以降，産官学連携による共同研究や技術移転などによる外部資金の獲得は，大学経営においてより重要なものとなりつつある（中山他，2007）。

　本章では，日本の大学における技術移転パフォーマンスに着目し，神戸大学と徳島大学を比較対象に技術移転パフォーマンスへの影響要因を明らかにする。第2節では，両大学の比較のための各指標とアンケート調査内容について示し，第3節では，各指標とアンケート調査の結果に基づいて，両大学の比較分析と考察を行う。第4節では，徳島大学の産官学連携の構造改革を通して，TLOの組織運営の与える影響について説明する。第5節では，地方におけるベンチャーエコシステム構築の観点から，地方大学の役割に関するインプリケーションをまとめ，総括することとする。

2 ｜ 神戸大学と徳島大学の比較指標とアンケート調査

　産業集積地に近く大規模な研究大学である神戸大学と，地方都市に位置し神戸大学と比較して小規模な地方大学である徳島大学を対象に，大学の基本情報とアンケート調査から，大学の属性，研究者の属性，TLOの役割の3つの観点と技術移転パフォーマンスの関係について比較分析を行った。ところで，文部科学省国立大学改革方針第3期中期目標で示された3つの重点支援の枠組み（①地域と特色分野の教育研究，②特色分野の教育研究，③卓越した海外大学と伍した教育研究と社会実装）では，神戸大学は「③卓越した海外大学と伍した教育研究と社会実装」を，徳島大学は「①地域と特色分野の教育研究」を選択している。

　大学の属性では，人材，規模，研究費を指標として，2014年度から2016年度の平均値を比較分析した。また，産業集積地との近接性の指標として，地域GDP（名目）や地域R&D支出額の高い地域との近接性を比較分析した。研究者の属性では，量，質，厚み，国際性を指標として比較分析を行った。また，アンケート調査による研究者の研究成果の事業化・商業化に対する意識について比較分析を実施した。TLOの役割では，アンケート調査による研究者のTLOに対する意識について比較分析を行った。技術移転パフォーマンスでは，特許権実施等収入と1件当たりの特許権実施等収入を指標とした。

　アンケート調査は，Webアンケートシステムにより，「科学技術研究成果に関する事業化・商業化のインセンティブと課題」と題して，主に5段階のリッ

質問	神戸大学				徳島大学			
研究年数	0〜9年	10〜19年	20〜29年	30年以上	0〜9年	10〜19年	20〜29年	30年以上
	44.9%	26.9%	10.3%	17.9%	20.0%	35.0%	24.0%	21.0%
基礎研究 or 応用研究	基礎研究	ほとんどが基礎研究で，一部応用研究	ほとんどが応用研究で，一部基礎研究	応用研究	基礎研究	ほとんどが基礎研究で，一部応用研究	ほとんどが応用研究で，一部基礎研究	応用研究
	31.3%	36.1%	22.9%	9.7%	21.1%	51.4%	22.0%	5.5%
性別	女性		男性		女性		男性	
	15.9%		84.1%		10.5%		89.5%	
科学分野	工学	バイオサイエンス	その他		工学	バイオサイエンス	その他	
	42.2%	39.8%	18.0%		37.9%	56.3%	5.8%	
職位	教授	准教授	その他		教授	准教授	その他	
	31.5%	21.9%	46.7%		41.0%	24.0%	35.0%	

図表終－1 アンケート回答者の属性

(注) 小数点の処理のため，各カテゴリーの割合（％）の合計は100にならないことがある。
(出所) 坂井，井内，忽那（2019）より改変。

カート尺度を用い，神戸大学と徳島大学の理系研究者を対象に実施した。質問内容は，特許取得に関する質問（32問），起業家活動に関する質問（33問），TLOに関する質問（27問），その他回答者の属性などに関する質問（36問）であり，全128問とした。アンケート回答者数は，神戸大学83名，徳島大学110名であった。

アンケート回答者の属性を**図表終－1**に示す。

アンケート回答者の属性について，研究領域に関しては，神戸大学と徳島大学ともに，約70％が「基礎研究」および「ほとんどが基礎研究で一部応用研究」であり，両大学の回答者間で大きな差は見られない。性別に関しても，両大学で大きな差は見られなかった。科学分野に関しては，工学分野は両大学ともに約40％であり，バイオサイエンス分野は神戸大学39.8％，徳島大学56.3％強となっている。職位に関しては，神戸大学の約50％が教授・准教授，徳島大学の約65％が教授・准教授であった。

3 神戸大学と徳島大学の比較分析と考察

3.1　大学の属性

3.1.1　人材，規模，研究費

　神戸大学と徳島大学における人材，規模，研究費の平均値（2014年度から2016年度）の比較を**図表終－2**に示す。人材に関して，神戸大学の教員数，学生数，留学生数は，徳島大学と比較してそれぞれ1.6倍，2.2倍，4.9倍であり，どの数も神戸大学は徳島大学よりも多く，人的資源の規模が大きいと言える。規模に関して，学部数を比較すると，神戸大学12学部に対して徳島大学は5学部（2016年度の学部再編により6学部）であり，神戸大学は徳島大学よりも大規

図表終－2　神戸大学と徳島大学における人材，規模，研究費の比較

区分	項目		神戸大学	徳島大学
人材	教員数		1,607	1,004
	学生数		16,804	7,782
	留学生数		1,148	213
規模	学部数		12	5
研究費	科研費			
		件数	1,096	548
		受入額［千円］…①	2,899,685	1,327,647
	共同研究			
		件数	531	247
		受入額［千円］…②	833,742	385,443
	受託研究			
		件数	355	217
		受入額［千円］…③	2,461,986	1,013,428
	研究費合計［千円］（①＋②＋③）		6,195,413	2,726,518
	教員一人あたりの研究費［千円］		3,855	2,716

（注）徳島大学は2016年度の学部再編により6学部となった。
（出所）独立行政法人大学改革支援・学位授与機構のHP〈https://portal.niad.ac.jp/ptrt/table.html〉，文部科学省のHP〈https://www.mext.go.jp/a_menu/shinkou/hojyo/1296236.htm〉，〈https://www.mext.go.jp/a_menu/shinkou/sangaku/sangakub.htm〉より作成。

模であると言える。研究費に関して，神戸大学の科学研究費補助金受入額，共同研究受入額，受託研究受入額は，徳島大学と比較してそれぞれ2.2倍，2.2倍，2.4倍であった。ここで，科学研究費補助金については，科学研究費補助金のうち，2014年度および2015年度は「奨励研究」を除く研究課題について分類したもの，2016年度は「新学術領域研究（研究領域提案型）『学術研究支援基盤形成』」および「奨励研究」を除く研究課題並びに「国際共同研究加速基金（国際活動支援班）」および特設分野研究基金の研究課題について分類したものの平均値を示している。教員1人当たりの研究費に関しては，神戸大学は徳島大学の1.4倍であった。

　神戸大学は徳島大学よりも，人材，規模，研究費のいずれにおいても大きな値となっていることがわかる。

3.1.2　産業集積地との近接性

　中小企業庁（2000）によれば，産業集積とは，地理的に接近した特定の地域内に多数の企業が立地するとともに，各企業が受発注取引や情報交流，連携等の企業間関係を生じている状態のことをいう。内閣府経済社会総合研究所の都道府県別県内総生産（名目）推計によると，2016年度の神戸大学が位置する兵庫県の県内総生産（名目）は20兆9380億円，徳島大学が位置する徳島県の県内総生産（名目）は3兆720億円である（内閣府経済社会総合研究所，2018）。また，兵庫県は，県内総生産38兆995億円の大阪府に隣接している。地域経済分析システム（RESAS）データ（RESAS-地域経済分析システムのHP参照）によると，2017年度の兵庫県の研究開発費は2690億900万円，徳島県の研究開発費は576億5200万円である。これらのことから，産業集積地との近接性については，神戸大学は徳島大学より，県内総生産（名目）が高く，研究開発費の多い地域に位置しており，産業集積地に近接していると言える。

3.2　研究者の属性

3.2.1　大学の研究力

　神戸大学と徳島大学の研究力に関する比較を**図表終－3**に示す。本表に示す指標は，小泉他（2017）の分析結果に基づいたものである。対象とした論文の

図表終－3　神戸大学と徳島大学の研究力の比較

	指標	神戸大学	徳島大学
量	論文数	10,684	5,292
	著書数	209	72
	著書数 (分数)	149.9	45.6
質	FWCI	1.13	0.87
	Top1%論文数	133	37
	Top1%割合	1.24%	0.70%
	Top10%論文数	1,307	462
	Top10%割合	12.2%	8.7%
厚み	Institutional h5 index	83	55
	Institutional h10 index	146	102
	Active authors	7,914	4,704
国際性	国際共著論文数	2,546	1,081
	国際共著論文割合	23.8%	20.4%
	国際共著機関数	1,414	765
	CNI	205	16
	CNI (分数)	10	8

（出所）小泉，調，鳥谷，後藤，川本，清家（2017）より作成。

発表期間は2011年から2015年，調査日は2017年2月1日である。

　量に関して，論文数では，神戸大学1万684本，徳島大学5292本，著書数では，神戸大学209本，徳島大学72本であり，著者数の分数カウントを示す著書数（分数）では，神戸大学149.9本，徳島大学45.6本となっており，いずれも神戸大学が徳島大学よりも高い数値を示している。

　質に関して，論文被引用件数を世界平均化した指標であるField-Weighted Citation Impact（以下，FWCI）では，神戸大学1.13，徳島大学0.87であり，神戸大学が徳島大学よりも高い数値を示しており，かつ1.0以上であることから，インパクト（被引用度）が世界平均以上であることがわかる。また，Top1%論文数（割合）では，神戸大学133本（1.24%）に対して徳島大学37本（0.70%）であり，Top10%論文数（割合）では，神戸大学が1307本（12.2%），徳島大学462本（8.7%）であった。いずれも神戸大学が徳島大学よりも高い数値を示し

ており，神戸大学の方が被引用数の高い論文が多いことがわかる。

　厚みに関して，論文の集積による厚みの指標であるInstitutional h5 index（2011年から2015年の5年間の発表論文の論文数と被引用数のh-count），Institutional h10 index（2006年から2015年の10年間の発表論文の論文数と被引用数のh-count）では，神戸大学8万3146，徳島大学5万5102，Active Authors（2011年から2016年の論文著者カウント）では，神戸大学7914，徳島大学4704であった。いずれも神戸大学が徳島大学よりも高い数値を示しており，生産性・インパクトの両面において神戸大学の方が高いことがわかった。

　国際性に関して，国際共著論文数（割合）では，神戸大学2546本（23.8％），徳島大学1081本（20.4％），国際共著機関数では，神戸大学1414本，徳島大学765本であった。国際性の厚みを示し，国際共著機関数と共著論文発表数のh-countであるCollaborative Network Index（以下，CNI）では，神戸大学205本，徳島大学16本であり，CNIの共著論文著者数の割合の分数カウントを示すCNI（分数）では，神戸大学10本，徳島大学8本という結果であった。国際性を示すいずれの指標においても，神戸大学が徳島大学よりも高い数値を示しており，国際研究が活発に行われていることがわかる。

　以上のように，神戸大学と徳島大学の研究力の比較においては，研究力を測る指標である量，質，厚み，国際性のすべての指標において，神戸大学が徳島大学を上回っていることがわかった。

3.2.2　研究成果の事業化・商業化に対する研究者の意識

　神戸大学と徳島大学の理系研究者を対象に実施したアンケート調査結果から，研究成果の事業化・商業化に対する研究者の意識について，マン・ホイットニーのU検定（順序尺度）およびχ二乗検定（名義尺度）によって，神戸大学と徳島大学で統計的に有意差が得られたものを**図表終－4**に示す。

　特許取得に関して，「研究成果の特許取得を行うことは，学問の世界において学者・研究者としての評価を高めるために重要である」と回答した研究者は，神戸大学39％，徳島大学53％であり，徳島大学の方が強い傾向（P<0.01）にあることがわかった。一方で，「研究成果の特許取得を行うことは，産業界との連携を奨励するために重要である」と回答した研究者は，神戸大学75％，徳島

大学59％であり，神戸大学の方が強い傾向（P<0.01）にあることがわかった。

　企業家活動に関して，「発明のさらなる発展のため，大学よりもより柔軟性のあるエコシステムを確保することは重要である」と回答した研究者は，神戸大学59％，徳島大学34％であり，神戸大学の方が強い傾向（P<0.01）にあることがわかった。また，「研究成果を大学発ベンチャーで事業化・商業化することは産業界との連携を奨励するために重要である」と回答した研究者は，神戸大学84％，徳島大学70％であり，神戸大学の方が徳島大学よりも強い傾向

図表終－4 研究成果の事業化・商業化に対する神戸大学および徳島大学の研究者の意識の比較

質問票における区分	質問	神戸大学	徳島大学	有意差
一般	私の国は，私の研究成果を事業化・商業化するのに可能な地域から近い。	48%	21%	**
	概して学者や研究者は，研究成果の事業化・商業化の成功は科学的認識へ肯定的な影響を与えると考える。	58%	41%	*
特許取得	研究成果の特許取得を行うことは，学問の世界において学者・研究者としての評価を高めるために重要である。	39%	53%	**
	研究成果の特許取得を行うことは，産業界との連携を奨励するために重要である。	75%	59%	**
	研究成果の特許取得を行うことは，産業界から発明についての反応を集めるために重要である。	64%	53%	*
	大学の研究者たちは特許の事業化・商業化で大金を手にすることができる。	20%	33%	*
企業家活動	発明のさらなる発展のため，大学よりもより柔軟性のあるエコシステムを確保することは重要である。	59%	34%	**
	研究成果を大学発ベンチャーで事業化・商業化することは産業界との連携を奨励するために重要である。	84%	70%	**
TLO	研究者とTLOでは，TLOが事業化・商業化に関するビジネス関連業務を実行するべきである。	87%	78%	*

（注）**：P<0.01，*：p<0.05で統計的に有意。
　　　回答割合（％）は「2（全く同意する）」「1（同意する）」の合計。
（出所）坂井，井内，忽那（2019）を改変。

（P<0.01）にあることがわかった。

3.3　TLOの役割

　アンケート調査の結果から，TLOに対する研究者の意識について，神戸大学と徳島大学で統計的に有意な差が得られたものを**図表終−5**に示す。「あなたの大学のTLOはほとんどの大学の発明を成功裏に事業化・商業化している」と回答した研究者は，神戸大学 8 ％，徳島大学17％，「あなたの大学のTLOの職員は私の学術分野に関して適切な知識を持っている」と回答した研究者は，神戸大学24％，徳島大学36％，「あなたの大学のTLOの職員は実際の産業界のニーズに精通している」と回答した研究者は，神戸大学23％，徳島大学49％，「あなたの大学のTLOは潜在的な産業界のパートナーの探索に大きく貢献している」と回答した研究者は，神戸大学19％，徳島大学49％となった。これらの質問において，徳島大学は神戸大学よりも強い傾向（P<0.01）にあることがわ

図表終−5　TLOに対する神戸大学および徳島大学の研究者の意識の比較

質問票における区分	質問		神戸大学	徳島大学	有意差
TLO	あなたの大学のTLOはほとんどの大学の発明を成功裏に事業化・商業化している。		8%	17%	**
	あなたの大学のTLOの職員は私の学術分野に関して適切な知識を持っている。		24%	36%	**
	あなたの大学のTLOの職員は実際の産業界のニーズに精通している。		23%	49%	**
	あなたの大学のTLOは潜在的な産業界のパートナーの探索に大きく貢献している。		19%	49%	**
	あなたの大学のTLOはその業務を行うための十分な資金源がある。		14.3%(-2:43%)	13.3%(-2:18%)	*
	私は同僚に，私の大学のTLOの支援を頼むように喜んで勧めたい。		38%	56%	*
TLO	研究成果の事業化・商業化に関してTLOとの連携に何度参加しましたか？	0回	67%	40%	-
		1-9回	28%	58%	
		10回以上	5%	2%	

（注）**：P<0.01，*：p<0.05で統計的に有意。
　　回答割合（％）は「 2 （全く同意する）」「 1 （同意する）」の合計。
（出所）坂井，井内，忽那（2019）を改変。

かった。また，TLOとの研究成果の事業化・商業化に関する連携回数に関しては，神戸大学は，1から9回が28％，10回以上が5％，徳島大学は1から9回が58％，10回以上が2％であり，徳島大学は神戸大学よりもTLOと数多くと連携していることが明らかとなった。

3.4　技術移転パフォーマンス

　神戸大学と徳島大学の技術移転パフォーマンスの比較を**図表終－6**に示す。特許権実施等件数では，神戸大学は120件，徳島大学は24件である。特許権実施等収入では，神戸大学1327万円，徳島大学5597万円であり，徳島大学は神戸大学の4.2倍の特許権実施等収入を得ている。1件当たりの特許権実施等収入では，神戸大学は11万円，徳島大学は233万円であり，徳島大学は神戸大学の21.2倍の1件当たり特許権実施等収入を得ている。これらのことから，技術移転パフォーマンスにおいて，特許権実施等収入および1件当たりの特許権実施等収入では，徳島大学は神戸大学より大きな成果を上げていることがわかった。

図表終－6　技術移転パフォーマンスの比較

項目	神戸大学	徳島大学
特許権実施等件数	120	24
特許権実施等収入〔万円〕	1,327	5,597
1件あたりの特許権実施等収入〔万円〕	11	233

(注) 2014年度から2016年度の値の平均値を記載。
(出所) 文部科学省のHP〈https://www.mext.go.jp/a_menu/shinkou/sangaku/sangakub.htm〉より作成。

3.5　神戸大学と徳島大学の比較結果のまとめ

　これまで見てきた神戸大学と徳島大学の比較結果を**図表終－7**に示す。大学の属性では，人材，規模，研究費，産業集積地との近接性ともに，神戸大学が徳島大学よりも上回る結果となった。研究者の属性では，大学の研究力については，神戸大学は徳島大学よりも高い値を示した。また，研究成果の事業化・商業化に対する研究者の意識においても，神戸大学は徳島大学よりも研究成果の事業化・商業化に対して高い意識を有していることが示唆された。

226

図表終－7 神戸大学と徳島大学の比較まとめ

	指標	神戸大学	徳島大学
大学の属性	人材，規模，研究費	✔	
	産業集積地との近接性	✔	
大学の研究力	論文の量，質，厚み，国際性	✔	
研究者の意識	研究成果の事業化・商業化に対する研究者の意識	✔	
	TLOに対する研究者の意識		✔
技術移転パフォーマンス	特許権実施等収入，1件当たりの特許権実施等収入		✔

(出所) 坂井，井内，忽那（2019）を改変。

　一方で，TLOの役割では，TLOに対する研究者の意識について，徳島大学は神戸大学よりもTLOに対して研究成果の事業化・商業化に高い能力を有していると評価していることがわかった。また，技術移転パフォーマンスでは，特許権実施等収入全体および1件当たりの特許権実施等収入において，徳島大学は神戸大学よりも高い値を示した。

3.5.1　大学の属性と技術移転パフォーマンス

　人材，規模，研究費に関して，いずれも神戸大学は徳島大学よりも大きな値を示しており，産業集積地との近接性に関しても，神戸大学は徳島大学よりも産業集積地に近接していることが示された。

　先行研究では，研究者が多く在籍する研究室は，研究者の少ない研究室よりも特許出願件数が多いことや，産業集積地に位置している大学は，より多くの特許権実施等件数や収入を生み出していることが示されている。一般的に，人材，規模，研究費が多く，産業集積地にも近接している神戸大学は，徳島大学よりも技術移転パフォーマンスが高いことが予想できる。しかしながら，実際には**図表終－7**に示すとおり，人材，規模，研究費が少なく，産業集積地から比較的距離のある徳島大学が，神戸大学の4.2倍の特許権実施等収入を得ている。これらのことから，技術移転パフォーマンスの影響要因は，大学の属性（人材，規模，研究費の多寡）や産業集積地との近接性以外にも存在することが示唆された。

3.5.2　研究者の属性と技術移転パフォーマンス

　大学の研究力に関して，量，質，厚み，国際性のすべての指標で，神戸大学が徳島大学を上回っていることが示された。研究成果の事業化・商業化に対する研究者の意識に関しても，特許取得や企業家活動において，神戸大学は，徳島大学よりも産業界などの外部機関との連携により研究成果の事業化・商業化を考えている研究者が多い。また，神戸大学は徳島大学よりも研究成果を基に大学発ベンチャーを設立して，産業界と連携していくことが重要であると考えている研究者が多いことがわかった。

　先行研究では，大学の研究力が高いほど，発明開示件数が増加し，特許権実施等件数が増加する傾向があることや，査読付き論文数が多いほど特許出願件数が増えることが示されている。また，査読付き・査読なしに関わらず発表論文数が多い方が，大学の組織としての研究成果の事業化・商業化に対して良い影響を与えるといったことが報告されている。さらに，研究者にとって産業界との連携の目的は，自身の研究をさらに発展させることであり，研究成果の事業化・商業化に対しては関心が低いことが報告されている。

　大学の研究力が高く，研究者の研究成果の事業化・商業化への意識の高い神戸大学は，徳島大学よりも技術移転パフォーマンスが高いことが推測できる。しかしながら，実際には**図表終－7**に示すとおり，徳島大学は神戸大学の4.2倍の特許権実施等収入を得ている。これらのことから，技術移転パフォーマンスの影響要因は，大学の研究力の差異や研究者の研究成果の事業化・商業化の意識の違い以外にも存在することが示唆された。

3.5.3　TLOの役割と技術移転パフォーマンス

　TLOに対する研究者の意識に関して，研究成果の事業化・商業化能力，学術的専門知識，産業界のニーズ把握，産業界とのマッチング能力において，徳島大学の研究者は，神戸大学の研究者よりもTLOを高く評価していることが示された。また，研究成果の事業化・商業化に関するTLOとの連携回数において，徳島大学は，神戸大学よりも多くの連携を行っていることが明らかとなった。

　先行研究では，大学の規模に関わらず，研究者のTLOへの評価が高いほど，

発明開示件数，特許出願件数，特許登録件数，特許権実施等収入が多くなることが報告されている。徳島大学の研究者は神戸大学の研究者よりもTLOへの評価，すなわち研究成果の事業化・商業化能力が高く，豊富な学術的専門知識をもち，産業界のニーズにも精通しており，産業界とのマッチング能力が高いと評価している。こうしたことから，徳島大学は，神戸大学よりも研究者とTLOの信頼関係が構築されていることが推察される。そして，TLOと研究者が連携して数多くの事業化・商業化に向けたプロジェクトを推進させ，また，研究者自身が同僚にTLOとの連携を勧めたいと考えるようになり，研究者とTLOの連携回数を増加させる好循環が生まれていることが示唆された。この好循環が，**図表終－7**に示すように，神戸大学よりも徳島大学の技術移転パフォーマンスが高い要因の1つとなっていることが考えられる。

4 │ TLOの組織運営の与える影響

　産業集積地から比較的遠く，大学の属性・研究者の属性において神戸大学よりも低い値を示す徳島大学が，なぜ神戸大学よりも技術移転パフォーマンスが優れているのか。これまでの調査結果から，徳島大学の研究者の方が神戸大学の研究者よりもTLOを高く評価していることが示された。

　徳島大学では国立大学法人化や国立大学法人の3類型化などの外部環境の変化から，特許権実施等収入などの外部資金獲得を大幅に拡大させるため，2013年頃から，TLOを含む全学の産官学連携組織の抜本的な構造改革に着手した。著者の井内と坂井も関わった構造改革の特徴的な内容は，①TLOへの産官学連携・技術移転業務の移管・外部化，②マーケティングモデルの導入，③TLOの人事・採用制度の改革の3つである。以下に詳細を示す。

4.1　TLOへの産官学連携・技術移転業務の移管・外部化

　1つ目は，産官学連携・技術移転業務の機能を徳島大学から切り離し，大学とは別組織の外部機関である株式会社テクノネットワーク四国（以下，四国TLO）に産官学連携・技術移転業務を移管したことである。四国TLOの経営では自主性を確保し，新しい経営理念として，「大学の研究成果を一つでも多

く世に出す」を掲げ，四国TLOの存在意義を明確にした。また，従来の組織のような企業からの問い合わせを事務所で待つ営業スタイルではなく，企業に自ら技術を売り込み，特許権実施等収入を増加させることに注力するように変革した。さらに，大学の付属組織ではなく，経営的に自立が可能なTLOに変革すべく，経営陣，従業員の意識変革を促した。

4.2　マーケティングモデルの導入

　2つ目は，マーケティングモデルを導入したことである。マーケティングモデルとは，スタンフォード大学OTL（Office of Technology Licensing）の元ディレクターであるニルス・ライマース氏が提唱した技術移転手法であり，TLOを法務や資金管理の組織ではなく，研究成果のマーケティングのための組織と位置付けるものである。一般的な技術移転活動は，順に，発明の技術評価，特許性評価，ライセンシー候補探索のプロセスで進められる。ライマースのマーケティングモデルは，発明の技術評価，特許性評価に時間をかけず，迅速にライセンシー候補探索のプロセスに進み，技術移転候補先とのコミュニケーションの中で，発明の技術評価，特許性評価にフィードバックさせて同時並行的に進めることが特徴である（山本他，2000）。

　この手法を導入した四国TLOでは，頻繁に研究室を訪問し，研究者との良好な関係を構築しながら，各研究室の研究内容や進捗状況について理解・把握するように努めた。また，発明開示，発明評価，特許出願，マーケティング，ライセンシング，製品開発，製品上市に至るまで，一気通貫のテクノロジー・プッシュ型の産官学連携・技術移転活動を実施する体制を構築した。一方で，地元企業に対しては，定期的に訪問を行い，企業が抱える課題の把握に努めるとともに，大学の研究者とマッチングさせて共同研究やライセンスに繋げるなど，企業ニーズから研究シーズをつなげるマーケット・イン型の産官学連携・技術移転活動を実施した。さらに，研究者とTLOが頻繁にコミュニケーションを取れるように配慮するなど，研究者とTLOのそれぞれが研究成果の事業化に関して，当事者意識（心理的オーナーシップ）を持つように仕掛けた。

4.3　TLOの人事・採用制度の改革

　3つ目は，四国TLOの人事・採用制度の改革を実施したことである。多くのTLOが行っているような企業OBの採用や企業出向者の受け入れ，知的財産に係る専門家の採用を廃止し，マーケティング能力を持つ人材やアントレプレナーシップを持つ人材を積極的に採用した。また技術移転に成功した場合に，TLOアソシエイトに対して適切なインセンティブを提供できるように，社内規定の改革を行った。さらに，AUTM（Association of University Technology Managers：大学技術マネージャー協会）などのアニュアルカンファレンスなどに参加し，TLOの組織運営，行動指針，内部オペレーション，人材育成などのTLO経営に関するベストプラクティスを国内外の事例から取り入れた。

4.4　徳島大学の産官学連携組織の構造改革の成果

　これらの3つを中心に改革を実施したことにより，四国TLOは，大学の研究成果の事業化・商業化に関して高い能力を発揮することができ，改革の結果として，徳島大学の特許権実施等収入を約30倍に増大させることに繋がった。四国TLOには多くの研究成果の事業化・商業化の経験・知見が蓄積され，これらの活動が研究者からの信頼に繋がり，多くの事業化・商業化に向けたプロジェクトを推進することが可能となった。

　徳島大学の産官学連携組織の構造改革を通して，地方大学においても，大学の特徴に沿った構造改革を行うことにより，技術移転パフォーマンスを高められることが示された。

5 ┃ おわりに

　本章では，日本の大学における技術移転パフォーマンスに着目し，産業集積地に近く大規模な研究大学である神戸大学と，地方都市に位置し神戸大学と比較して規模の小さい地方大学である徳島大学を対象に，大学の属性，研究者の属性，TLOの役割の3つの観点と技術移転パフォーマンスとの関係から分析・検証した。また，徳島大学で実施された産官学連携組織の構造改革を紹介した。

本章で示した分析結果から，日本での大学発ベンチャーエコシステム構築に当たってのインプリケーションについて，3点を指摘したい。

5.1　大学の産官学連携の長期的な戦略の立案とその一貫性

　第1に，神戸大学と徳島大学の比較において，日本の産官学連携が抱える問題点が明らかになった。1998年に「大学等における技術に関する研究成果の民間事業者への移転の促進に関する法律（通称：大学等技術移転促進法）」が施行されて以降，各大学が試行錯誤を重ね，ベストプラクティスを模索し，20年余りを経た今日，日本においても東京大学を中心としたベンチャーエコシステムが構築されつつある。しかしながら，一方では20年以上の間，特許権実施等収入などの技術移転パフォーマンスが慢性的に低迷している大学も多く存在する。これまで述べてきたことから，特許権実施等収入などの技術移転パフォーマンスが慢性的に低迷する原因の1つとして，大学の産官学連携のビジョンの欠如や産官学連携組織を統括するリーダーのマネジメントに問題がある可能性が考えられる。

　日本の大学では，多くの場合，産官学連携組織を統括する者の多くは理事などであり，産官学連携や技術移転の専門家でもTLO経営経験者でもないケースが多い。また多くの場合，数年で任期が満了し，新しい理事が新しい運営方針を打ち出し，大学全体としての長期的戦略の一貫性が乏しい状況である。アメリカの大学などでは，産官学連携や技術移転の専門家が大学の産学連携や技術移転担当の副学長に就く場合も見受けられる。日本の産官学連携・技術移転の永続的な発展のためには，日本においても，産官学連携や技術移転の専門家が大学の産官学連携組織を統括するポストに就くことが望まれる。

5.2　地方大学の産官学連携活性化のための構造改革の必要性

　第2に，全国の地方大学においても，徳島大学で実施したような産官学連携組織の構造改革を実施すれば，技術移転パフォーマンスが向上する可能性が高いことである。

　徳島大学では，大学とTLOの機能を切り離し，産官学連携・技術移転業務を外部機関のTLOに集約させた。また，マーケティングモデルを導入し，研

究室訪問による発明の発掘や，企業訪問によるニーズの把握を行った。さらに，長期的な人材育成のため，若手人材の採用を実施するなど人事・採用方針を改革した。これらの改革内容は，大学や研究者の属性，立地条件などとは関係がないものである。すなわち，全国の地方大学においても，徳島大学と同じような改革を行うことは可能である。大学の産官学連携組織を統括するリーダーは，いかなる困難に直面した場合においても，リーダーシップを発揮して産官学連携組織の構造改革を断行すれば，地方大学の技術移転パフォーマンスが向上することが期待できる。このことが日本全体の技術移転パフォーマンスの底上げおよび持続的な発展に繋がっていくはずである。

5.3 「知の拠点」である地方大学を中心とした ベンチャーエコシステムの構築

　第3に，地方大学は，地域の知の拠点として地域のベンチャーエコシステムの構築に大きく貢献できる可能性がある点である。現在，地方大学に対して，地域の知の拠点として機能し，地方大学の知的財産を社会還元し，高付加価値な製品やサービスを創出することで，イノベーションの核となることが期待されている（三菱総合研究所，2017）。本章の分析結果から，産官学連携組織の抜本的な構造改革を実施した徳島大学のように，TLOが全国の地方大学において自律的で戦略的な経営を実行できれば，大学の属性（人材，規模，研究費の多寡），産業集積地との近接性，大学の研究力などに関係なく，地域の知の拠点として，地方大学が地域のベンチャーエコシステムの構築において中心的な役割を果たすことができる可能性がある。

　本章における技術移転パフォーマンスとは，特許権実施等収入に着目したものであり，特許権実施等収入以外の外部資金である共同研究費，受託研究費，奨学寄附金，コンサルティング費などは考慮していない。さらなる詳細な分析のためには，大学の産官学連携全体のパフォーマンスとして，これらの指標も考慮する必要があるだろう。また，TLOの収支状況や管理コストの比較，TLOの組織規模や予算規模の比較についても考慮に入れて分析することで，地方大学の技術移転パフォーマンスに関してさらなる示唆が得られることが考えられる。

（注）本章は，坂井，井内，忽那（2019）に最新の情報等を追加して，加筆修
　　正したものである。

◆　参考文献・URL

株式会社三菱総合研究所（2017），『平成28年度 地方大学において中長期的に自律的
　　な産学官連携活動を行うために必要な知財マネジメント等の在り方に関する調
　　査研究報告書』3 月。

小泉周，調麻佐志，鳥谷真佐子，後藤真，川本思心，清家弘史（2017），『科学研究
　　費助成事業・特別研究促進費（2016から2017年度）「研究力を測る指標（分野別・
　　大学機能別）の 抽出と大学の研究力の可視化に関する 基礎的研究」分析結果
　　データ集』10月。

坂井貴行，井内健介，忽那憲治（2019），「地方大学における技術移転パフォーマン
　　ス−地方大学において高い技術移転パフォーマンスをあげることは不可能なの
　　か−」『日本ベンチャー学会第22回全国大会発表要旨集』，pp.60-63.

中小企業庁（2000），『2000年（平成12年）版中小企業白書』5 月。

内閣府経済社会総合研究所（2018），『平成28年度県民経済計算について』11月。

中山保夫，細野光章，清水佳津子，小林信一（2007），「地域における産学官連携：
　　地域イノベーションシステムと国立大学」『NISTEP 調査資料 136』。

山本貴史，高田仁，隅藏康一（2000），「大学研究成果の民間移転におけるマーケティ
　　ング戦略」『2000年度研究・技術計画学会年次学術大会講演要旨集』，pp.259-262.

RESAS-地域経済分析システムのHP〈https://resas.go.jp/#/13/13101〉

内閣府『科学技術イノベーション総合戦略2015』のHP〈https://www8.cao.go.jp/
　　cstp/sogosenryaku/2015.html〉

WEBの情報は，原稿執筆時の情報に依拠している。

■執筆者一覧（執筆順）

忽那　憲治　神戸大学大学院経営学研究科教授　　　　　　　　　　序章，第7，終章

坂井　貴行　神戸大学バリュースクール教授　　　　　　　　　　第1，2，終章

児島　幸治　関西学院大学国際学部教授　　　　　　　　　　　　第3，5章

菅原　　智　関西学院大学商学部教授　　　　　　　　　　　　　第4，10章

保田　隆明　神戸大学大学院経営学研究科准教授　　　　　　　　第6，9章

山本　一彦　神戸大学大学院科学技術イノベーション研究科教授　　　　　第7章

井内　健介　徳島大学研究支援・産官学連携センター准教授　　　第8，終章

ビシュヌ・クマール・アディカリー　同志社大学大学院ビジネス研究科准教授
　　　　　　　　　　　　　　　　　　　　　　　　　　　　　　　　　終章

■編著者紹介

忽那　憲治 (くつな　けんじ)

神戸大学大学院経営学研究科教授，科学技術イノベーション研究科教授（兼務），バリュースクール価値設計部門長（兼務）

1964年愛媛県生まれ。1994年，大阪市立大学大学院経営学研究科後期博士課程修了。博士（商学）。大阪市立大学経済研究所助教授，神戸大学大学院経営学研究科助教授を経て，2005年より経営学研究科教授。

専門は，アントレプレナーファイナンス，アントレプレナーシップ，イノベーション
*The Journal of Finance, Journal of Financial Economics, The Review of Financial Studies, Journal of Corporate Finance, Journal of Banking and Finance*などの海外トップジャーナルに論文多数。

著書に，『アトツギよ！ベンチャー型事業承継でカベを突き破れ！』中央経済社（2019年），『地域創生イノベーション』中央経済社（2017年），『アントレプレナーシップ入門』有斐閣（2013年），『MBAアントレプレナーファイナンス入門』中央経済社（2013年）などがある。また，株式会社科学技術アントレプレナーシップの取締役（共同創業者），株式会社イノベーション・アクセルの取締役（共同創業者）を務めている。詳細は下記のウェブを参照。
https://www.innovation-accel.jp/

ケースブック

大学発ベンチャー創出のエコシステム

2020年10月1日　第1版第1刷発行

編著者	忽　那　憲　治
発行者	山　本　　　継
発行所	㈱中央経済社
発売元	㈱中央経済グループ パブリッシング

〒101-0051　東京都千代田区神田神保町1-31-2
電話　03 (3293) 3371 (編集代表)
　　　03 (3293) 3381 (営業代表)
http://www.chuokeizai.co.jp/
印刷／㈱堀内印刷所
製本／㈲井上製本所

Ⓒ 2020
Printed in Japan